瑜伽文库
YOGA LIBRARY

"瑜伽文库"编委会

生命的管理

《瑜伽经》72讲

王志成　著

四川人民出版社

图书在版编目（CIP）数据

生命的管理：《瑜伽经》72讲 / 王志成著. -- 成
都：四川人民出版社，2021.7

ISBN 978-7-220-12177-7

Ⅰ.①生… Ⅱ.①王… Ⅲ.①瑜伽派－研究 Ⅳ.
①B351

中国版本图书馆CIP数据核字（2021）第097098号

SHENGMING DE GUANLI
YUJIAJING 72JIANG

生命的管理：《瑜伽经》72讲

王志成　著

责任编辑	何朝霞
封面设计	肖　洁
版式设计	戴雨虹
特约校对	王　莹
责任印制	周　奇

出版发行	四川人民出版社（成都槐树街2号）
网　址	http://www.scpph.com
E-mail	scrmcbs@sina.com
新浪微博	@四川人民出版社
微信公众号	四川人民出版社
发行部业务电话	（028）86259624　86259453
防盗版举报电话	（028）86259624
照　排	四川胜翔数码印务设计有限公司
印　刷	成都东江印务有限公司
成品尺寸	130mm×185mm
印　张	10.625
字　数	210千
版　次	2021年7月第1版
印　次	2021年7月第1次印刷
书　号	ISBN 978-7-220-12177-7
定　价	68.00元

瑜伽八支，生命管理之道

"瑜伽文库"总序

　　古人云：观乎天文，以察时变；观乎人文，以化成天下。人之为人，其要旨皆在契入此间天人之化机，助成参赞化育之奇功。在恒道中悟变道，在变道中参常则，"人"与"天"相资为用，相机而行。时时损益且鼎革之。此存"文化"演变之大义。

　　中华文明源远流长，含摄深广，在悠悠之历史长河，不断摄入其他文明的诸多资源，并将其融会贯通，从而返本开新、发阔扬光，所有异质元素，俱成为中华文明不可分割的组成部分。古有印度佛教文明的传入，并实现了中国化，成为华夏文明整体的一个有机部分。近代以降，西学东渐，一俟传入，也同样融筑为我们文明的固有部分，唯其过程尚在持续之中。尤其是20世纪初，马克思主义传入中国，并迅速实现中国化，推进了中国社会的巨大变革……

任何一种文化的传入，最基础的工作就是该文化的经典文本之传入。因为不同文化往往是基于不同的语言，故文本传入就意味着文本的翻译。没有文本之翻译，文化的传入就难以为继，无法真正兑现为精神之力。佛教在中国的扎根，需要很多因缘，而前后持续近千年的佛经翻译具有特别重要的意义。没有佛经的翻译，佛教在中国的传播就几乎不可想象。

随着中国经济、文化之发展，随着中国全面参与到人类共同体之中，中国越来越需要了解更多的其他文化，需要一种与时俱进的文化心量与文化态度，这种态度必含有一种开放的历史态度、现实态度和面向未来的态度。

人们曾注意到，在公元前8世纪至公元前2世纪，在地球不同区域都出现过人类智慧大爆发，这一时期通常被称为"轴心时代"。这一时期所形成的文明影响了之后人类社会2000余年，并继续影响着我们生活的方方面面。随着人文主义、新技术的发展，随着全球化的推进，人们开始意识到我们正进入"第二轴心时代"（the Second Axial Age）。但对于我们是否已经完全进入一个新的时代，学者们持有不同的意见。英国著名思想家凯伦·阿姆斯特朗（Karen Armstrong）认为，我们正进入第二轴心时代，但我们还没有形成第二轴心时代的价值观，我们还需要依赖第一轴心时代之精神遗产。全球化给我们带来诸多便利，但也带来很多矛盾和张力，甚至冲突。这些冲突一时难以化解，故此，我们还需要继续消化轴心时代的精神财富。在这一意义上，我们需要在新的处境下重新审视轴心文明丰富的精神遗产。此一行动，必是富有意义的，也是刻不容缓的。

在这一崭新的背景之下，我们从一个中国人的角度理解到：第一，中国古典时期的轴心文明，是地球上曾经出现的全球范围的轴心文明的一个有机组成部分；第二，历史上的轴心文明相对独立，缺乏彼此的互动与交融；第三，在全球化视域下不同文明之间的彼此互动与融合必会加强和加深；第四，第二轴心时代文明不可能凭空出现，而必具备历史之继承和发展性，并在诸文明的互动和交融中发生质的突破和提升。这种提升之结果，很可能就构成了第二轴心时代文明之重要资源与有机部分。

简言之，由于我们尚处在第二轴心文明的萌发期和创造期，一切都还显得幽暗和不确定。从中国人的角度看，我们可以来一次更大的觉醒，主动地为新文明的发展提供自己的劳作，贡献自己的理解。考虑到我们自身的特点，我们认为，极有必要继续引进和吸收印度正统的瑜伽文化和吠檀多典籍，并努力在引进的基础上，与中国固有的传统文化，甚至与尚在涌动之中的当下文化彼此互勘、参照和接轨，努力让印度的古老文化可以服务于中国当代的新文化建设，并最终可以服务于人类第二轴心时代文明之发展，此所谓"同归而殊途，一致而百虑"。基于这样朴素的认识，我们希望在这些方面做一些翻译、注释和研究工作，出版瑜伽文化和吠檀多典籍就是其中的一部分。这就是我们组织出版这套"瑜伽文库"的初衷。

由于我们经验不足，只能在实践中不断累积行动智慧，以慢慢推进这项工作。所以，我们希望得到社会各界和各方朋友的支持，并期待与各界朋友有不同形式的合作与互动。

"瑜伽文库"编委会

2013年5月

"瑜伽文库"再序

经过多年努力，"瑜伽文库"已初具体系化规模，涵盖了瑜伽文化、瑜伽哲学、瑜伽心理、瑜伽冥想、体位和呼吸、瑜伽疗愈、阿育吠陀瑜伽乃至瑜伽故事等，既包含着古老的原初瑜伽经典，又包括了现代的瑜伽实践文化。瑜伽，这一生命管理术，正在滋养着现代的瑜伽人。

时间如梭，一切仿佛昨日，然一切又永远不同。自"瑜伽文库"设立起，十余年来，世界巨变如沧海，无论是个人，还是环境、社会，抑或世界，正经历着种种影响难以估量的重大全球性事件。尤其庚子肇起，世界疫情严重，全球化进程突变，经济危机一触即发。在这个进程中，压力是人们普遍的感受。这个压力来自个人的工作，来自家庭的关系，来自社会的变故，来自身体的透支，来自自我的反省，来自世界的不确定性。伴随着压力的是不知所措，更严重的则是无力或无奈，是生命在追求确定性过程中的某种虚幻和漂浮。

不确定性，是我们的世界普遍的特征。我们总是渴望确定。但在这尘世间，种种能量所建构起来的一切，都是变动不居的。我们人所赋予的一切的名相都是暂时的、有限的。我们需要适应这不确定性。与不确定性为友，是我们唯一的处世之道。

期盼，是我们每个人的自然心理。我们期盼世界和平，期盼身体康健、工作稳定，期盼家庭和睦、关系美好，期盼良善的安身立命。

责任，是我们每个人都需要面对、需要承担的。责任就是我们的存在感，责任越大，存在感越强。逃避责任或害怕责任，则让我们的存在萎缩。我们需要直面自身在世上的存在，勇敢地承担我们的责任。

自由，是我们每个人真正的渴望。我们追求自由，即是追求无限、追求永恒。从最简单的身体自由，到我们日常中种种的功能性自由，到终极存在中内心获得安住的自由，自由即是无限。

身份，是我们每个人都期望确定的。我们心在哪里，我们的身份就在哪里。心在流动，身份也不断在转变。但我们渴望恒久的身份，为的是在尘世中的安宁。

人是生成的。每一个个人做好，社会就会做好，世界就会做好。而个人自己做好，首先和必要的就是要身心安宁。身心安宁，首先就需要一个健康的身体。身体是我们在这世上存在的唯一载体，唯有它让我们种种生活的可能性得以实现。

身心安宁，意味着我们有着抗压的心理能量，有着和压力共处的能力，有着面对不确定的勇气和胆识，有着对自身、对未来、对世界的期盼，有着对生活的真正信心，对宇宙的真正信心，对我们人的真正信心。有了安宁的身心，我们才能履行我们的责任，不仅是个体的责任，也是家庭的责任、社会的责任、自然和世界的责任，拥有一种宇宙性的信心来承担我们的责任。在一切的流动、流变中，瑜伽文库带来的信息，可以为这种种的责任提供深度的根基和勇气，以及人的实践之尊严。

瑜伽文库有其自身的愿景，即希望为中国文化做出时代性的持续贡献。瑜伽文库探索生命的意义，提供生命实践的道路，奠定生命自由的基石，许诺生命圆满的可能。她敬畏文本，敬畏语言，敬畏思想，敬畏精神。在人类从后轴心时代转向新轴心时代的伟大进程中，瑜珈文库为人的身心安宁和精神成长提供她应有的帮助。

人是永恒的主题。瑜伽文库并不脱离或者试图摆脱人的身份。人是什么？在宏阔的大地上，在无限的宇宙中，人的处境是什么？瑜伽文库又不仅仅是身份的信息。相反，透过她的智慧原音，我们坦然接受我们人的身份，但又自豪并勇敢地超越人的身份。我们立足大地，但我们又不只是属于大地的；我们是宇宙的，我们又是超越宇宙的。

时代在变迁，生命在成长。人的当下的困境，不在于选择什么，而在于参与、在于主动的担当。在这个特别的时代，我们见证一切的发生，参与世界的永恒游戏。

人的经验是生动活泼的。存在浮现，进入生命，开创奋斗，达成丰富，获得成熟，登上顶峰，承受时间，生命重生，领略存在的不可思议和无限的可能。

瑜伽文库书写的是活泼泼的人。愿你打开窗！愿你见证，愿你奉献热情！愿你喜乐！愿你丰富而真诚的经验成就你！

"瑜伽文库"编委会

2020年7月

目 录

| 第二部分　生命的行为 |

| 第三部分　生命的力量 |

| 第四部分　生命的圆满 |

缘起

○

　　我最初接触瑜伽，是在1993年。那时，瑜伽在中国还是比较小众的现象和运动，我对瑜伽的了解还基本上是小白水平。但因各种时运因缘，经历了各种思想探讨、交流和碰撞以及自身生命经验的进一步扩展和深化，我开始逐渐亲近瑜伽，就如抱回来的一个小孩，逐渐产生爱怜之情。2004年，英国的韩德（Alan Hunter）教授邀请我翻译一本书，书名是《瑜伽之路》。翻译这本书，是我真正深入理解瑜伽的起点。《瑜伽之路》在2006年出版。同年，我还出版了瑜伽界最为重要的经典，即帕坦伽利的《瑜伽经》，书名为《现在开始讲解瑜伽——〈瑜伽经〉及其权威阐释》。这是国内第一部带有注释的《瑜伽经》译本。出版后，获得了瑜伽界广泛的认可。

　　"这本书对于近十年来瑜伽在中国的迅速发展发挥了一定作用，并使很多瑜伽人从中获益匪浅。"在尊敬的汪濰先生的努力下，《现在开始讲解瑜伽——〈瑜伽经〉及其权威阐释》2016年在商务印书馆再版，并多次重印，至今仍在流传。中国驻印度前大使程瑞声先生认为：这本书"的确深入浅出，通俗易懂，意蕴无穷，对于我们理解《瑜伽经》以至理解整个印度瑜伽思想都很有好处，对于瑜伽修习者从精神层面上理解瑜伽精髓从而提高修习的质量和效果，很有益处。即便你不修习瑜伽，只是看看这本书，也非常有益，因为它对生活提供了一种全新的哲学理解，对你的生活可以提供有益的指导。"

　　对瑜伽的探讨，一旦开启就不会结束。我主持承担了国家社会科学研究的课题，主题就是《瑜伽经》和印度传统思想。通过课题研究，我深入印度瑜伽派、数论派以及吠檀多派等主流传统，从印度传统思想的整体去把握瑜伽派的背景、主要解决的人生的问题，以及解决问题所用的实践方法。我还深入诸奥义书传统，翻译九个核心奥义书，出版《九种奥义书》。在此期间，我接受印度吠陀管理中心主任马赫什·帕布（U. Mahesh Prabhu）的邀请，担任了该中心名誉主任。因为涉及吠陀管理，我深入诸吠陀经，尤其是《梨俱吠陀》《夜柔吠陀》，进一步探讨瑜伽的源头。这些都强化了我对《瑜伽经》的深度理解。

《瑜伽经》并不是一部玄乎的作品，更不是所谓的神秘主义文本。如同所有人类的文化/文明起源一样，《瑜伽经》源于古人对我们个体生命的宏大思考和生命实践的总结。它传达了古人的生命经验，传达了古人总结的生命实践方法，本质上，《瑜伽经》就是一部生命管理的指南。

《瑜伽经》是古老的，生命是常新的。古老的经典也需要与时俱进，契合我们今人的生命需求，启发我们今人的生命价值和意义的建设，特别对我们这些已经踏入瑜伽这一契阔、深厚之领域中的瑜伽人，更是如此。如今，全球正处在百年未有之大变局中。对自身的生命勇敢担责的瑜伽人们，生命的焦虑和对生命的思考同时并行。鉴于此，我在线上开通了《瑜伽经》系列讲座。本书就是这一系列讲座的果实。

本书包含了这个系列讲座的72讲，但又不只限于这72讲。在成书文字的整理过程中，我又进一步深化了其中所蕴含的生命奥义。当然，这本书也不只是写给瑜伽人的，本书也是写给一切生命的。对那些对自身珍贵的生命负责的人们，对那些对自身生命的经验进行自我探索的人们，对那些对自身生命的安顿和内在精神的成长有所追求的人们，对那些想要通过生命的管理去经验生命丰硕奥义的人们，这本书都提供了丰富的经验。

生命珍贵，因为生命是我们唯一能够自主拥有的。任何想要通过自主关照而统御自身的生命、任何想要通过自主的生命管理而支配我们自身的生命的人，都可以走进本书。

本书也可以说是本人《〈瑜伽经〉直译精解》一书的配套和升级。把它们结合起来学习效果会更好。

最后要解释的是，书中《瑜伽经》的引文来自《〈瑜伽经〉直译精解》，《薄伽梵歌》的引文来自罗摩南达·普拉萨德的版本，《奥义书》的引文来自瑜伽文库中的《九种奥义书》，《胜王瑜伽》的引文全部来自"瑜伽文库"中曹政博士的翻译版本。但根据语境，引文可能有些修订。

Namaste！

王志成

2021年3月26日于浙江大学

第一部分　生命的本质

Part one

第一讲
你的瑜伽，是基于身体的还是通过身体的？

现在，我们开始讲解瑜伽。

如今的瑜伽，在全世界已经十分普及。在大众心目中，瑜伽的首要标志就是高难度的身体动作或者姿势，如漂亮的一字马、头倒立或肩倒立、像孔雀一样双手撑起整个身体，或者像乌龟一样蜷起四肢……这种瑜伽，视觉震撼，以至于我们大部分人忽略了瑜伽本来的样子。

其实，瑜伽是一个世界，是一个谱系，甚至是一个江湖。瑜伽文化源远流长，在时间的长河中，其形态也不断变化。

帕坦伽利的《瑜伽经》是瑜伽派的经典。第一章的开头就说，"现在开始我们的瑜伽教导。"同样的，对于我们现代人来讲，在进入瑜伽之前，我们首先要了解现在大多数人练习或者学习的瑜伽和古代瑜伽的差别。

帕坦伽利《瑜伽经》的第一位注释者是毗耶娑（Vyāsa），他在注释中说瑜伽就是出神状态，也就是三摩地。而现代瑜伽，基本上就是以身体的体位、姿势为主导的哈达瑜伽，或者说是当代的哈达瑜伽。这种瑜伽，本质上并不是真正出自瑜伽的源头印度，而是在西方兴起的，或者说是西化的瑜伽。

但是，印度古代就有哈达瑜伽。有一部特别重要的哈达瑜伽经典，即《哈达瑜伽之光》。通过对比，我们可以知道古代的哈达瑜伽和当代的哈达瑜伽具有重要差别。

第一，生命管理的目标不同。古代瑜伽，包括哈达瑜伽，主要是为了达到三摩地，三摩地就是生命管理的终极目标。而当代的哈达瑜伽，则主要是为了人的身体，为了塑身、减肥、减压、放松，基本不涉及生命的三摩地这一终极目标。

第二，修习的人群不同。古代的哈达瑜伽，在瑜伽家族中是一个很小的派别，历史上习练之人非常有限，也没有得到当时社会主流的认同。而当代的哈达瑜伽习练的人群数量巨大，基本上全世界修习瑜伽的人，开始进入瑜伽时都是为了身体。

第三，修习者性别的差异。古代瑜伽主要是男性习练，女性习练者极其稀有。与之相反的是，当今的哈达瑜伽习练的主体人群则是女性，男性比较少。

第四，内容有别。古人看待生命这个现象和今人所理解的生命差异较大。古代哈达瑜伽基于印度阿育吠陀，对于身体体位的习练更多的基于经验。当代的哈达瑜伽主要关注生命的载体，即这具身体，强调解决身体问题的科学性要求，当代的营养学、运动科学、解剖学等，很自然地引进了瑜伽之中。很多瑜伽人花费相当多的时间研究营养学、运动科学、解剖学等。

第五，师徒关系不同。在古代瑜伽中，导师，也就是古鲁，他们和弟子间关系非常紧密，彼此忠诚度极高，最主要的是导师对弟子的生命负责。而今时，以瑜伽教练为主，而非瑜伽的导师。当下的瑜伽只是有价的商品，学生付费来学习。瑜伽教练和学生之间的关系，没有什么忠诚度这样的说法，教练并不对学生的生命负责，而只是仅仅教授各种方法。在很多情况下，学生根据付费学习的"效果"而在不同的教练之间来回转换。

第六，评估和标准不同。古代瑜伽成就的评估是在师徒关系中确立的。当代的哈达瑜伽则采取了固定的规则和制度，根据某个民间组织甚至私人的规则，完成所谓的体位序列，进行考核、考试，出具瑜伽练习者的资格证书，证明练习者自身所谓的瑜伽的水平，然后授权证书拥有者可以开展这一"流派"的收费教学。

瑜伽非常复杂。练习瑜伽或者修习瑜伽，全在于修习者的目的。古代经典的瑜伽，以三摩地为目的，而三摩地本身难以用某种方式的"考试"来证明修习者的成效，而只能根据修习者自身亲证的生命经验。当代的哈达瑜伽，只要你的身体完成了很多困难的身体姿势，如一字马、倒立、孔雀一样的身体姿势，则人们会说"哦，你的瑜伽很了得"。至于你练习瑜伽是否达成了心意平静甚至体会了三摩地，人们是不会在意的。

各种瑜伽的区别，首先就在于对于生命的态度和选择。而瑜伽的价值，也全在于这一选择。当下众多的瑜伽是身体导向的，生命变成了简单的身体。而古典的瑜伽是生命导向的，身体只是复杂生命的一个载体，瑜伽是通过身体的，是通过身体来统御我们的生命，而不是让身体来主宰我们的生命。

第二讲
踏上瑜伽垫，开始探究你的生命

　　一旦我们开启了瑜伽之征程，也就开启了复杂的生命旅程。在生命旅程的瑜伽开端，首先需要厘清"瑜伽"这一词语的真正内涵。

　　"瑜伽"一词，是梵文yoga一词的翻译。它的基本意思是联结，据说和英文中的yoke一词有着相同的词源，yoke的意思是把两头公牛连在一起。这是古代农耕中使用的一种方法。后来，它的引申义就逐渐成了"拓展意识（灵性）的方法"，特别是冥想的方法。然而，在帕坦伽利的《瑜伽经》中，瑜伽的本意则是"分离"（viyoga），也即是原人（puruṣa，真我、纯粹自我、神我）和原质（prakṛti，物质自然）之间的分离。如此，瑜伽就具有了两重含义：一是联结，一是分离。

　　在帕坦伽利之前，印度已经有很发达的瑜伽修习系统。早在吠陀时代，就已经有了各种各样的瑜伽法、瑜伽术。有基于地、水、火、风、空等建构的瑜伽，如吠陀火瑜伽（agni yoga）、吠陀喜乐瑜伽（soma yoga）；也有基于各位大神或仙人的瑜伽，如因陀罗瑜伽（indra yoga）等。在不同程度上，今天的哈达瑜伽或其他不同形态的瑜伽，都受到过吠陀瑜伽的影响。例如，哈达瑜伽强调对胃火的锻炼，就和吠陀火瑜伽有关。古典的奥义书也涉及瑜伽，甚至有人特意编撰了以瑜伽为主题的《瑜伽奥义书》。但只有到了帕坦伽利时代，也就是古典瑜伽时代，经由帕坦伽利编撰《瑜伽经》，才使得瑜伽派成为印度古代正统六派哲学之一。

到了12世纪之后，帕坦伽利的瑜伽传统没能够再继续传承。直到近代，才又开始由斯瓦米·哈瑞哈拉南达·阿冉雅（Swami Hariharananda Aranya，1869—1947）恢复，然而，其影响极为有限。使帕坦伽利的古典瑜伽在全世界产生重大影响的，是智慧瑜伽大师辨喜（Swami Vivekananda，1863—1902）。辨喜是系统地把印度哲学和瑜伽带到西方世界的第一人。他的作品中影响最大的是他的《胜王瑜伽》。

瑜伽是一个文化传统，就如一条长长的大河，有众多支流，或大或小，但它们都流向大海，胜王瑜伽（王瑜伽）、哈达瑜伽、智慧瑜伽、虔信瑜伽、行动瑜伽、曼陀罗瑜伽、拉亚瑜伽、昆达里尼瑜伽等，通过各自的不同方式将生命带上喜乐、智慧的道路。哈达瑜伽在历史上并不兴盛，并没有形成大规模的群众性的瑜伽运动。基于经典，如《牧牛尊者百论》《希瓦本集》《格兰达本集》《雅伽瓦卡亚瑜伽》《瓦希斯塔瑜伽本集》《哈达瑜伽之光》，我们得以了解这个体系。但总体上，修习传统的哈达瑜伽，其目的主要还是要达到胜王瑜伽的境地，是走向胜王瑜伽的预备。

在这一领域，发挥重要作用的人物，有著名的克里希那玛查雅（R. K. Krishnamacharya），以及他的几个弟子，如大家熟悉的帕塔比·乔伊斯（Pattabhi Jois）、艾扬格（B.K.S. Iyengar）、英德拉·黛维（Indra Devi）、德斯科查（T. K. V. Desikachar）。他们为瑜伽的全球化做了很大的贡献。只不过，这些导师和他们的弟子在西方传播瑜伽并真正产生广泛影响的，则是西化了的体位法部分。在中国，当代意义上的瑜伽由张蕙兰在20世纪80年代开始传入，90年代有一个间隙期。21世纪初，哈达瑜伽开始快速发展。过去十年，中国的哈达瑜伽可能是全球发展最快的，甚至有人预言中国的瑜伽时代来临了，即便在很小的城市里，都可以看到若干瑜伽馆。不过，中国的瑜伽导向主要是基于身心健康疗愈的瑜伽。中国拥有重视身心修养的古老传统，如传统中医、道家养生，非常容易与瑜伽融合起来。这种融合，出现了诸如中医瑜伽、太极瑜伽、道家瑜伽、中国版阿育吠陀瑜伽等。这些瑜伽类型并不十分强调身体体位的精准化、标准化，而是强调体位和个体身体体质的协同，强调通过身体，获得健康生命。

但随着瑜伽的发展，无论是什么形态的瑜伽，总是要回到源头，回答究竟什么是瑜伽，也就是还是需要回到生命的哲学层面。

而对于瑜伽来说，不管是"分离"还是"联结"都涉及生命的本质究竟是什么这一问题。对于印度传统，作为道路/方法的瑜伽，主要有两种哲学基础，一种是数论哲学，一种是吠檀多哲学。根据数论哲学，原人（生命自我、纯粹意识）与原质

（未显之三德）是不同的存在，瑜伽就是要让原人与原质"分离"，基于数论的瑜伽就成了"分离的瑜伽"。吠檀多哲学主张，人的生命，其自我和组成自然的背后的存在是同一的存在，他们称这一同一的存在为梵（Brahman），瑜伽就是要认清这一同一的，与之联结并合一，如此，瑜伽就成了"联结的瑜伽"。

无论是分离，还是联结，当你踏上瑜伽垫的那一刻，你就开始了对生命的探究和认知。这样的探究，为的是看清世界的本质，认识生命的自我，最终在生活这个大海中行稳致远，并丰富我们的生命，活出人的尊严和圆满。

第三讲
创始瑜伽派，开创生命成长的道路

古代印度有六个公认的正统哲学派别，分别是弥曼差派、吠檀多派、胜论派、正理派、数论派和瑜伽派。弥曼差派重视研究古代吠陀本集、梵书的祭祀、礼仪内容等。吠檀多派，重视研究吠陀背后的哲学思想（奥义书）。正理派和胜论派都重视研究自然哲学，前者重视对宇宙万物的基本成分分析，后者强调逻辑推理和辩论的方式。数论派重视宇宙演化，认为人的觉悟源于对宇宙自然的正确认识。帕坦伽利的瑜伽派，在理论上接近数论派，但它更强调需要通过实践来亲自证悟，而不能仅仅依靠单纯的认知。我们可以简单形象地说，弥曼差派和吠檀多派是一对姐妹，胜论派和正理派是一对姐妹，数论派和瑜伽派是一对姐妹。

瑜伽派的创始人是帕坦伽利（Patañjali）。关于帕坦伽利其人，我们对他的真实面貌认识极少。可以说，我们和帕坦伽利的关系是建立在想象中的。

通常在习练瑜伽的过程中，有向帕坦伽利致敬的传统。

在致敬帕坦伽利的诵歌中，有这样的内容：

> 我向圣人帕坦伽利致敬。
> 通过瑜伽，他给了我们消除心意不纯的方法；
> 通过文法，他给了我们消除言语不纯的方法；
> 通过阿育吠陀，他给了我们消除身体不纯的方法。

这里，帕坦伽利被视为在三个领域做出了杰出贡献的人：瑜伽、文法和阿育吠陀医学。据学者们研究，历史上确实有多位名字叫帕坦伽利的人，但他们应该是不同时代的人物。在瑜伽、文法和阿育吠陀医学这三个领域取得重大成就的应该不是同一个帕坦伽利。不过，也许人们把这三个重要领域的成就归于一位圣人，可以帮助人们更好地建立信心，开展实践，因为，这三个领域从身心修行的角度看是统一的。

瑜伽修习的是心，通过对心意波动的控制、约束和管理，让生命自身的善良属性得以呈现，达致灵性的成长。这是生命的意的维度。文法教导的是言语表达，文法使人的表达更加清晰、规范和真实。言说是一种生命的艺术，是言语和生命的内在联结。这是生命的口的维度。阿育吠陀专注的是身。阿育吠陀认为，生命由五大元素也就是地水火风空构成。不同元素构成的和合差异导致生命的体质的差异。人要活得健康，就必须获得体质的能量平衡。阿育吠陀就是印度古老的医学，和中国的中医极为相似。这是生命的身的维度。

当然，严肃的学者一般只认可帕坦伽利编撰了《瑜伽经》，而不是独立创造了《瑜伽经》。瑜伽人或瑜伽界大多坚持认为，是帕坦伽利创作了《瑜伽经》，《瑜伽经》完全是帕坦伽利的原创。然而，帕坦伽利的《瑜伽经》，其主要内容并不是原创的，他提出的八个修持步骤，也就是瑜伽八支，其中有六支是《瑜伽经》之前的奥义书中谈过的内容。同时，《瑜伽经》的内容也明显受到佛教思想的影响。

我们对这位历史上真实的帕坦伽利了解太少，不过有一个神话故事可以分享。

传说，维系宇宙的大神毗湿奴，他的一个坐骑叫阿底舍沙。又说，这个阿底舍沙就是守护地球秘密珍宝的蛇族首领。据说，毗湿奴观看毁灭宇宙的大神希瓦舞蹈，他实在太过专注，与希瓦所跳的舞蹈发生了神秘共振。只是这振动让毗湿奴的坐骑阿底舍沙感到十分难受。而当希瓦结束舞蹈、毗湿奴停止共振时，阿底舍沙却感受到了舒适和自在。阿底舍沙询问为何这样神奇。毗湿奴说，希瓦的舞蹈非常人可比，是天地间难得的优雅、美妙、神圣。因为毗湿奴发生了振动而身体沉重，才让阿底舍沙感到难以忍受。听后，阿底舍沙非常高兴，他想学习这一舞蹈，以取悦他的主人毗湿奴。于是，毗湿奴进入冥想，在冥想中预言希瓦神会给予阿底舍沙一个恩典，可以写一本有关文法的书，以及在舞蹈艺术上可以达到完美。获得了这样的预言，阿底舍沙渴望下凡。在深度冥想中，阿底舍沙看见了一位女瑜伽士戈妮卡。戈妮卡向诸神祈祷有个孩子，并让这个孩子继承她的知识和瑜伽法。阿底舍沙觉得这位女瑜伽士就是他所要的母亲。年迈的戈妮卡一直向诸神祈祷。然而，一直没有如愿。最后，她向太阳神祈祷。她双手掬起一捧河水，献给太阳神。当她慢慢睁开双眼，吃惊地看到手掌里有一条小蛇在水里游动。过了一会，小蛇成了一个小孩，在她手上跪拜，希望她成为他的母亲。戈妮卡十分惊奇，也非常高兴。她爽快接受了这个孩子，给他取名帕坦伽利。而这位毗湿奴的坐骑下凡到世上就完成了三件大事：完成一部文法书，帮助人们净化言语；完成一部阿育吠陀作品，帮助人们净化身体；还完成了一部千古流传的《瑜伽经》。

帕坦伽利，Patañjali，是一个复合词，pata的意思是"从上而下落下的，掉下的"，añjali的意思是指"祭品""祈祷中合十的双手"。就如艾扬格解释的，戈妮卡以合十的双手祈祷就叫帕坦伽利（Patañjali）。所以，当我们开始瑜伽、双手合十时，我们也就是帕坦伽利，也就要如帕坦伽利一般，亲自创造并开创我们生命成长的道路。

第四讲
和生活交手，约束心的波动

　　著名的瑜伽大师斯瓦米·萨奇南陀（Swami Satchidananda）说，《瑜伽经》第1章第2节是整部经典的核心，在某种意义上说，余下的部分都是在解释这节经文。《瑜伽经》1.2说："瑜伽是约束心的波动。"深入了解这节经文，就可以知道帕坦伽利的瑜伽要解决的是什么问题。

　　这一节涉及几个重要的词：瑜伽、心、波动和约束。

　　心，梵文citta。citta这个词有不同的翻译，但我们可以发现翻译成"心"是非常合适的。根据帕坦伽利，"心"包含多种含义，就像一个大仓库，是一个整体性的观念，其中有心意、智性和私我（我慢）。你的所思所想，你的情绪感情，你的思维理智，你的"我""我的"等意识，都可以纳入这个citta的范围。从生命管理的角度可以理解，瑜伽就是对心的管理。而之所以要管理心，是因为心会波动。那么如何理解心的波动？

　　我们可以用经济学中价格和价值的关系来说明。心稳定的状态是价值。达到完美、达到觉悟的人，他的心是稳定的，可被理解为价值。但我们普通大众之人的心是波动的、不平息的，犹如上蹿下跳的猴子，也如总是上下波动的价格，随着处境的改变而改变。价格波动偏离了价值，一旦超过某个范围，就需要及时干预和调控。

生命也一样，心的波动不能过大，一旦大起大落，时间一长就会出问题。学习瑜伽，就是要通过瑜伽的方式来约束心的波动，使得心绪稳定。过于被心绪所控，健康就会受影响。

约束就是控制、掌握、统御。瑜伽人如何约束心的波动呢？帕坦伽利提出了瑜伽八支。所谓瑜伽八支，就是约束心的波动的八个步骤。

为什么要控制心的波动呢？从最基础的身体层面来讲，人的生命首先是一套精密的免疫系统，包含着生命的自我诊断、破坏和修复。当心意的波动偏离了正常"价值"之时，首先自我破坏的就是这套免疫系统。生活中的酸甜苦辣、愤怒、恐惧、抑郁、生气、悲伤、激动、狂喜等，都会成为改变这套系统的诱因。

哲学家说，生活就是一位大教练，你可以自由选择，但生活这位教练会以他独特的方式教训你。他让你难堪，让你痛苦，让你无奈，让你绝望，也让你快乐，让你走向觉醒，让你获得种种的收获。生命必须要学会和这样的生活交手！

瑜伽的哲学，本质上是一种行动哲学。这种行动，就是和生活交手，就要懂得生命的法则，就要学会约束心的

波动、掌握自己的心意、以统御自己的生命。帕坦伽利的瑜
伽，就是这样一种生命的自主行动，这种行动，通过对心的
约束，来避免人的生命成为生活的奴隶。

第五讲
生命的出路，就是安住自我的本性

    不同于其他学科，帕坦伽利的这门瑜伽学科主要关注的是个体的生命，本质上要解决的是个体的生命在这个世上存在的有限性、局限性问题。因此，帕坦伽利说："（一旦约束了心的波动）真正的自我（见者）就安住在其自身的本性中。"（《瑜伽经》1.3）"不然，真正的自我（见者）（依然）认同于心的波动。"（《瑜伽经》1.4）

    在历史的长河中，人们一直在为人的有限性和局限性而苦恼，很多领域为探索生命的无限性而努力。帕坦伽利开创的瑜伽派是印度古代六派哲学之一，要解决的是个体生命的根本问题，致力于让个体的生命摆脱这个世界表象的局限，从而走向自身生命的圆满。

    个体生命的核心就在于心，就在于自主约束心的波动。因为，一旦心意得到了约束，生命就自会安住在其自身的本性中，世界表象的一切都各就各位，正如西方经典说的，一切都是好的。西方中世纪的神秘主义者诺威奇的尤里安

（Julian of Norwich）说："一切都好，一切都好，事物的一切形式都好。"这种一切都好建立在心的平静这个基础上。瑜伽的三摩地就是安住在本性中而心意平静。

安住在自身本性中，是什么意思呢？

这和《老子》的"道法自然"有些类似。老子说，"人法地，地法天，天法道，道法自然。"（25章）"道法自然"就是道如其所是地处于其状态。帕坦伽利的这节经文也可以意译成："我法自然"。"我"就是生命真正的自我，帕坦伽利的词就是"见者"，就是普鲁沙（原人）。"法"就是效法。"自然"，就是自身，就是本来的样子，就是自身的本性。整体的意思就是，人一旦约束了心的波动，生命就处于自然的状态，也就是处在本性的状态，而本性的状态就是圆满的状态。

但现实却是绝大多数的人们并不处于"我法自然"这样圆满的境界，甚至把生命的本性归同于心的各种波动。就如"道法自然"一样，甚至多数人在现实中并不遵循道的原则生活，"上士闻道，勤而行之；中士闻道，若存若亡；下士闻道，大笑之。"我们大多数人也是瑜伽中的"下士"，因为难以安住在真正自我的本性里，就如航行在大海上的船，一直在风雨中颠簸。

不安住在自身的本性中，就会出现一个致命的问题：错误认同。作为理性的存在物，人们因为错误认同而不识生命本来的面目，不能安住在生命自身的本性中，而认同于外在的对象，结果引发了无穷无尽的心的波动，忍受心由波动所带来的各种痛苦的经验。

　　因陀罗，众神之王，有一次他变身为猪，在泥潭中打滚。他与一头母猪和一群小猪在一起快乐生活。天神看到他的处境，对他说，你是众神之王。为什么你在这里？因陀罗回答说，我在这里一切都好，我有母猪和众多小猪。天神没有任何办法劝阻他。于是，他们决定杀猪。那些猪一头一头离开了因陀罗。他开始哀号，最后伤心欲绝。天神撕开了他的猪身，他的本身随之而出。此时，因陀罗认识到，他，众神之王，居然成了一头猪，还认为猪的生活是他唯一的真正的生活。而这仅仅是因为他忘记了他的本性。

　　我们的生命也是如此。生命的本性本是圆满的、平静的、安宁的，而我们却认同于心的波动以及其所带来的喜怒哀乐。帕坦伽利说心没有约束，就会陷入波动中，就会错误地承受各种痛苦。出路就是约束心的波动。

　　行动起来吧！通过约束心的波动，平静你的心意，忆起你生命的本性。在经验了生活的各种喜怒哀乐之后，穿越生活这个大海。万物渺小，生命伟大。

第六讲

心的波动是必然的，但需要得到掌控

帕坦伽利说，心的波动有五种，它们分别是正知、谬误、想象、睡眠和记忆。（《瑜伽经》1.6）这句经文十分清晰，几乎不会被误解。但人们对它们作为波动的深度理解并不够。

这些波动涉及人的生理、心理、情绪、精神的不同状态。帕坦伽利说，有的波动会带来痛苦，而有的波动不会带来痛苦。那么，这五种波动是否会带来痛苦？

在很大程度上，正知不会带来痛苦。所谓的正知就是正确的知识。我们举个阿育吠陀瑜伽的例子。根据印度阿育吠陀的知识，宇宙中一切都是由地水、火、风、空这些元素构成的，人体也是由不同元素根据不同比率构成的。由此，不同的人具有不同的体质。如风型体质的人，空元素较多，其体型一般偏瘦、思维敏捷，但不够踏实，肠胃消化不佳，容易失眠，手脚容易冰凉，关节也不太好，四五十岁之后，特别需要保护关节。这样的人习练瑜伽，就需要特别小心注意保暖，习练瑜伽体位就不能太猛、太快。饮食上不要吃难以消化的食物。调息的时候，并不合适做太多的火呼吸，也不适合去做所谓的高温瑜伽。在阿育吠陀瑜伽中，这些就是正知，也就是一种心的波动的结果（知识）。如果你明白了这些正确的知识，获得的就不是痛苦，而是健康和快乐。

如果你的瑜伽修习违背了这些正知，那就陷入谬误。谬误，作为一种心的波动的知识，就是错误的认知。如果依据谬误去指导生活和实践，那么就得不到健康的身体和快乐的生活，自然会升起痛苦的经验。

有的人生活在想象中，甚至生活在幻想中。但残酷的现实总是把它打得粉碎。人不能生活在想象中，更不能生活在幻想中。想象或者幻象，只是一种想象的知识。

睡眠也被视为是心意的一种波动。睡眠有深眠，也有浅眠。浅眠还有很多潜意识的活动，做梦，有很多的梦境经验。这个容易理解。但我们在深眠时，难以留下什么记忆，不太可能记得什么具体的内容。但它确实是一种波动。有人早上起来说，昨晚睡得真香。如果深睡中没有一点心的波动，我们如何可能拥有诸如"睡得真香"之类的经验？

记忆也是一种心的波动。记忆就是过去经验的知识。在时间中，我们每个人都拥有不同的经历和境遇，有的愉快，有的痛苦，有的郁闷，有的尴尬，有的激情，有的烦恼。有人记住了过去的美好，有人则沉溺在过去的痛苦中。过去的就让它过去。但对有的人，过去难以过去。如果留下的不是美好的记忆，心的波动就会是痛苦的；如果留在美好的记忆里，心的波动就是不痛苦的，甚至可能是快乐的。

现在，我们总结一下这五种波动：

1. 正知——正确的知识：一般不会引发痛苦，而是带来快乐、喜乐、愉悦。一切科学都应该追求正知，服务众生。

2. 谬误——错误的知识：一般会带来痛苦，烦恼，折腾，无奈，失败，甚至灭亡。避免谬误是生命摆脱失败、走出痛苦所必需的修行。

3. 想象——想象的知识：有美好的想象，也有毫无意义的幻想。美好的想象带来喜乐。但如果是一些幻想，则多数不会带来快乐、喜乐、成功和满足。学会想象也是一门人生课程。

4. 睡眠——没有什么具体内容的知识。获得良好的睡眠，也是一门生活的课程。

5. 记忆——过去的知识：有的记忆是痛苦的，有的记忆是甜蜜的。要学会选择甜蜜的记忆，而不应该过多地被痛苦的记忆所干扰。学会记忆，就是学会遗忘。

我们的心难以平静，是因为我们的经验带来上述五种波动。而心的波动其原因是因为心意的认同——只有认同才会有认知，才会有知识。痛苦是因为错误认同，没有明白认同所带来的后果。不过问题是，如果没有种种认同，我们也难以见到这个世界的诸般景象。现实是，种种认同一直在发生。只是有的认同带来烦恼和痛苦，有的认同带来暂时的快乐和欢喜，有的认同则可带来持续的满足。

来到这个世界，心的波动是必然的，但需要我们自身能掌控——这就是瑜伽的最高目标。有人说，瑜伽要让我们达到心不波动。其实，不是不波动，而是认清心的波动的本质，进而掌控心的波动，尽可能进入善的、乐的、平静的、回归自然圆满的波动状态。更进一步，真正修行瑜伽的人，从外表上看，他有着心的波动，但其实他的内在平静如水。

作为具体的人，人们渴望心不波动其实是有所指的，往往是指不要那些不愉快的、痛苦的、烦恼的波动，而并不会真正排斥那些愉快的、喜乐的、能量流畅的波动。看看各种法门，说的都是为了最终的喜乐、自在。

但是，我们终究会知道，无论喜悦还是烦恼，都是心意捕捉外部世界对象后的一种反馈和认同。心意本身没有本质，心意只是你的内部器官而已。而你的自我才是一切感知力量的存在。你要知道什么才是真正的珍珠。一粒沙子偶然进入牡蛎里，对牡蛎产生了一个刺激。于是，牡蛎就分泌出釉质来把这粒沙子裹住以减轻这个刺激，于是这粒被牡蛎分泌出来的釉质所包裹的沙子就成了珍珠。心意的波动也是如此。你要认清这样的波动。

第七讲
修习，是约束心的波动的两大利器之一

　　人生痛苦的原因，是心的波动，这些波动包含正知、谬误、想象、睡眠和记忆。我们说过，并不是所有的心的波动都带来痛苦，有的也带来了愉快、喜乐、满足。对我们普通人，通过瑜伽修习，尽可能摆脱不愉快的、痛苦的波动，留下喜乐的、愉快的、令人满意的波动，那样就会很好。《瑜伽经》告诉我们，可以放下不是我们的，过一种可以约束心的波动的生活。我们可以达到真正平静的、喜乐的、圆满的自由之境。这是有担保的，有方法的，可实现的！

　　确实，要明白瑜伽的真正意义，从中获得想要的、丰盛的美妙生活，就需要懂得如何真正约束心的波动。波动难以消除，但如何对待波动，或约束心的波动则是关键。人们常说，世界还是那个世界，但我们看待世界的方式可以改变。

　　而约束心的波动的具体方法有两种，帕坦伽利说："通过修习和不执可以约束这五种心的波动。"（《瑜伽经》1.12）

持续努力，完美地控制心意波动，就是修习。这是从正面来理解约束心的波动，也是一种积极的主动进取，通过不断地精进，就如爬山，一步一步往前爬，天天进步一点，持续努力，不懈怠。就像储蓄，拿出每月工资的一部分存到银行，经年累月就会积累不少。但有人并不愿意日积月累。瑜伽的修习，不可能一蹴而就，就像储蓄一般，需要日积月累，不断精进，持久努力，才能逐步获得成效。

修习需要方法和次第。帕坦伽利《瑜伽经》提供的方法就是瑜伽八支，也就是修习的八个步骤。瑜伽八支法，本身也是一个次第。不过，当下的人们已经很难遵照帕坦伽利所说的次第，而更容易打乱次第，或只是重视其中的某个或几步，以便实现他所需要的瑜伽。譬如，人们可能会特别重视帕坦伽利所说的体位（体式，āsana）。只不过，对于帕坦伽利，这里的体位或体式，更准确的应该是坐姿，也就是舒服的坐姿，而不是像今天的人们所理解的那样是各种各样的甚至是高难度的体位。就如《哈达瑜伽之光》中说的，最好的体式就是至善坐。

修习，是从正向来说的约束心的波动方式。帕坦伽利还谈到了从反向来说的约束心的波动方式。正向的方法比较容易理解，反向的不容易。但在很多时候，反向的做法效果特别明显。

有个爱吃东西的人，每天四餐，餐餐酒肉，越吃越胖。人们劝他不要再吃那么多。他却说，吃下去的才是自己的，吃不下去的就不是自己的。他不听人劝。结果，年纪不大就进了医院。医生把他从生死边缘拉了回来。但他还是餐餐酒肉。一天，他偶然听到一个东方占星师的话，说他是个大人才，但前提是需要有节制地饮食。于是，他的生活方式发生了大转变，体重下来了，精神状态变了，开始探究生命的更高意义。这就是一种反向的方法。

正向的和反向的，两个方法都很重要，用得好都可以帮助我们开展瑜伽修持。

第八讲

至上不执，就是对真正的自我最大的执着

上一讲我们说到了约束心的波动的第一种方法。第二种方法就是不执。

帕坦伽利说："不执是一种自我掌控，它摆脱了对所见所闻之物的欲望。"（《瑜伽经》1.15）"认识了真正的自我（原人），对善良、激情和愚昧这三种能量的任何展示都无欲无求，这是最高的不执。"（《瑜伽经》1.16）

不执，有时也可以用舍得、放下、弃绝来表达。不执是一种能力，一种自我掌控的能力。而这种能力的获得本质上来源于对于外境、外物的清醒认识。正如大瑜伽士辨喜所分析的，我们的行动，其推动力有两种——一种来自我们自身的经验推动，一种源于他人的经验推动。不执就是与这两种推动力做斗争，阻止被这两种推动力所控，从而约束心的波动。

这个现实的世界充满了种种诱惑，名的诱惑，权的诱惑，利的诱惑，物的诱惑，色的诱惑，不一而足。只要陷入

任何一种诱惑，我们的心就会攀缘其中，就会陷入不自主的境地。这种诱惑一方面出于我们自身的经验，即我们自身形成了的推动力，一方面出于他人的经验。生活中，有人说，他经受得住诱惑，也就是能抵制这些推动力。不过，不执确实不易。我们需要探索的不仅仅是单纯的执着概念，而要进入不执或执着的新世界。

首先，执着是一个关系概念，是相对的。

对你来说是执着，对另一人来说，不算执着。一个人的心意、语言、观念是不是执着，只有在和其他心意、语言和观念的对比中才可以得到确定。小孩执着玩具，大人可说孩子太执了。家长和孩子闹脾气，孩子横竖不同意先做作业再得到一个好处，小孩一定要先拿到好处才肯做作业。大人说孩子执着，而小孩则说老爸老妈太执着。父母和孩子都处于执着的游戏场中。对很多女性朋友来说，"情感的执着"（情执）是最大的一种执着。她们陷入和自己情人、爱人、朋友的情执之中。情执是一种最基本的呈现。是不是执着，只能在具体的场景中才有可能得到相应的答案。

执着是在关系中的。离开关系，执着难以生成。释迦牟尼成佛前，也是断了家庭、宫廷中的情执。在古代这是很自然的做法。所以，不想陷入某些执着之苦，最简单的方法就是不要陷入某些关系中。除非你能超然，才可以做到真正的不执。

其次，执着不是单维的，它有不同的层次。

两个人，追求相当。但其中一个人追求过分了，就容易被视为执着。两个人的欲求有了差异，第一个人的追求、要求或层次高于第二个人的欲求层次，第一个人的执着往往不被视为执着。在日常生活中，可能在你心里非常在乎某种追求，那你可以比同龄人或同行的标准略高一些，这样你就可以不那么执着，就不会被同一层面的执着所钳制。所谓的痛苦往往都是比较出来的。同一层面的比较容易伤害自己。而当一个人的执着层次相对较高，则对于低级的执着就会不在乎，就会超越低级执着所带来的烦恼和痛苦。就如孔子说的，人无远虑，必有近忧。所以，我们可以通过提高自己的追求层次，也就是提升自己的境界，而达到更高的不执。

再次，最高的执着就是最高的不执。

一旦认识自己的本心，就达到了最高的执着。而这一最高的执着也就是最高的不执。这样的表达是很难理解的。但是，当我们理解了外物、外境都是三德所成，而自我永恒，这时，我们就会坚定地安住在自我中，放弃对组成物质的三德的执着。一旦达到这一认知境界，就不会再被现象世界的一切所诱惑和束缚，因为认识到自我的本性，就和那些不是真正的自我的对象分离开来。这是最高的不执，是帕坦伽利的瑜伽修行者所达成的最高境界。

最高的不执就是至高的执着，这一思想也可以从《老子》得到印证："执大象天下往。"这里，大象就是"道"。老子的这句话翻译出来意思就是：智者执着大道以治理天下，天下人都归往之。老子最大的执着，就是执着大道。正因为执着大道，所以他对万事万物才能做到不执。可见至高的不执和至高的执着是相通的。

举个日常的例子。人一旦真正学会了游泳，各种水环境都不会给他带来烦恼和痛苦，不同的水体都不会困扰他。认识了人的真我、自己的本性，认识了那个永恒纯粹的自我，就获得了自我掌控力。帕坦伽利说认识真实的我是至高的不执。把这话再说得直白一些，即家中有粮，心中不慌。粮就是真正的自我，家中有粮，就是明白了自己的真我，所以心中不慌，就不会再被外面的一切变化所束缚。

瑜伽修习，明白了这个道理，就会获得无上的自由和喜乐。当然，这个境界不容易达成。但我们可以首先从道理上明白，慢慢地，坚持不懈进行修习，就会一步一步走向不执的喜乐人生。

第九讲
要像庖丁解牛一般，进行瑜伽修习

总有人询问，瑜伽究竟是"有为"，还是"无为"。其实，这并不是一个真问题。

对于这个"问题"，我们还是要回到《瑜伽经》上来解答。

帕坦伽利说，瑜伽是一种修持之道，目的是要管好我们的生命。管好生命的本质，就是要把我们的生命带回到它的本来状态。有人说，就是回到自然状态。而自然状态就是一种无为的状态。瑜伽的顶峰就是安住在自我自身的本性中。

修习瑜伽的人大概可以分为上中下三种类型，我们之前已经讲过。下士瑜伽，基本上误解瑜伽，或者根据自己的理解扭曲了瑜伽，只求达成自己的个人愿望。对于下士，需要依据下士的状态来导引。而对于中士瑜伽，则要谈道理，讲明白，需要"认可"瑜伽的部分。对于上士瑜伽，自会按照经典去实践。

从这里看来，修习瑜伽是一种"有为"的行动。在"有为"的行动中，成就各种可能。如身体健康了，心灵平静了，精神饱满了，智慧提升了，人际关系更容易沟通了，等等。心有五种波动，瑜伽就是要对这五种波动进行约束或控制。要约束，就要有所作为。生活，有时就如无缘的仆人帮我们解决种种问题；有时又如家长总是监管着我们；生活，有时爱你有加，有时坑你不商量。瑜伽修持，就是在这样的生活境况中进行的。没有瑜伽的"有为"，就没有心的约束，就无法达成自我的掌控。帕坦伽利瑜伽是"有为"的瑜伽。不管是哈达瑜伽、智慧瑜伽、行动瑜伽、虔信瑜伽、唱诵瑜伽、昆达里尼瑜伽，还是阿育吠陀瑜伽，都是有为的瑜伽，也就是说，都是要努力奋斗、努力精进的瑜伽。

然而，瑜伽修持是否单纯的"有为"？不是的，其中同样包含了"无为"。很多人都知道《庄子》中"庖丁解牛"的故事。这就是一种在"有为"中实践"无为"的艺术。庖丁为梁惠王宰牛，达到了完美的境界。梁惠王问庖丁，他的解牛技术怎么会达到如此高超的程度。庖丁说，起初宰牛时，眼里看到的是一只完整的牛。三年后，再未见过一只"完整"的牛了。现在，他凭着精神和牛接触，而不是用眼睛去看，感官停止了，而精神在活动。依照牛的生理结构下刀，骨和肉一下子就解开了，就像泥土散落在地上一样。他那把用了十几年的刀，刀刃还像刚从磨刀石上磨出来的一样。瑜伽修持的过程也如庖丁解牛一样，是一个不断完善的过程。通过修习，逐渐学会在生活中约束心的波动，把这种约束完全融入生活中，使得日常生活逐渐归于本来的状态。通过约束这一"有为"而达到安住自我的"无为"。

作为瑜伽的圣人，帕坦伽利已经达到"无为"的境界，处于"我法自然"的境界，但他依然指导人们修习瑜伽，这也是一种瑜伽的"无为的作为"。对于我们普通人，这一境界还很难。但可以肯定的是，通过学习《瑜伽经》可以理解这一智慧，从中获得启迪，消除"无为"和"有为"的争议。简单地讲，学习庖丁解牛，从瑜伽的有为，最终走向瑜伽的无为而无不为之境。

第十讲
没有身体这座"圣殿",就无法成就瑜伽大业

帕坦伽利说:"勇猛精进的人会很快修成瑜伽。"
(《瑜伽经》1.21)

我们积极工作,需要能量充足。简单地讲,很多事情,拼这个,拼那个,最后拼的可能是健康的身体。瑜伽的进步也是如此。没有好身体,很难成就瑜伽这个大事业。

身体很重要,因为这具身体是我们灵魂的载体、是我们生命的载体。没有这个载体、没有这条航船,我们如何可能驶向美好的"彼岸"?在古代,有的文化传统把身体视为坟墓,因为身体的局限性、有限性和必朽性,限制了灵魂的自由。在瑜伽文化中,人们把身体视为"圣殿"。这是多么不同凡响的理解啊!身体是"圣殿"。"圣殿"是做什么用的?敬拜,朝圣。

很多人意识不到自己的身体就是一座"圣殿"。结果,这一座"圣殿"肮脏不洁、无序混乱,甚至早早倒塌了。不关爱身体的人,不好好对待"圣殿"的人,很难得到成长,

尤其灵性的成长。只有在干净、雄伟、神圣、洁净的"圣殿"里，才能真正让我们通过"圣殿"传达出神圣的光芒，瑜伽的修习才能走上正道。

如何让身体这座"圣殿"健康完美？首先就要转变我们的态度，瑜伽是通过身体这座"圣殿"让身体"圣殿"化，需要懂得科学的方式，让身体得到净化和强化。阿育吠陀认为，我们需要了解自己的体质，根据体质的差异建立合适的生活方式，注意饮食和运动，注意四季身心调理，开发适合"圣殿"的瑜伽方式、调息方式、冥想实践等，在一个洁净的"圣殿"里才谈得上勇猛精进。然后，"根据修习手段的弱、中、强，达成瑜伽的快慢有别。"（1.22）

我们常常可以看到，精力旺盛之人，做事专注之人，很快可以完成一件事情，做事的效率和质量很高。瑜伽修习也是如此。基于手段差异，帕坦伽利对瑜伽修习者分了弱、中、强三大类，每一类还可以细分弱、中、强三类。理论上可分成九种。

走上瑜伽之路，首先需要对自己有个清醒的认识，认识到自己的身体适合做什么，不适合做什么，适合采取多大强度的修习。不同人身体素质不同，勇猛精进都需要基于身体素质来采取合适的方式或手段。就说打坐。有人每天打坐6—12个小时，有人半小时也坐不了。强行打坐，就会打乱身体的节奏，导致交感和副交感神经的紊乱，甚至导致神经错乱而成为废人。辟谷等也是如此。修习的强度需要充分考虑自身的身体素质。勇猛精进，并不是修习锻炼时间越长越好，也不是越强越好，更不是越难越好。必须要考虑个体的体质差异，不可片面修习。身体强健，懂得基于身体体质采取相应的修习手段，在此基础上，勇猛精进，才可以很快地修成瑜伽！

第十一讲
瑜伽有起有伏，但精神始终不能懒惰

为何学习瑜伽？一定有这个或者那个原因。有的原因很直接，就为了健身，减压，减肥。有的原因比较偏心理，为了稳定心意，减少烦恼和痛苦。有的原因是直奔终极的，为了三摩地，为了获得终极自我的自由。大家走在瑜伽之路上，但在这条道路上，瑜伽人精神涣散的情况非常普遍。这也是帕坦伽利提醒我们要解决的问题。

我们可以问问自己，我们修习瑜伽是为了什么？不妨审视一下自己，不管是为了身体的健康，还是为了心理的稳定、精神的自在，我们在瑜伽中是不是陷入了帕坦伽利所说的精神涣散之中。"疾病、疲倦、怀疑、拖延、懒惰、欲念、妄见、精神不集中和注意力不稳定，这些心的涣散都是（通向瑜伽目标的）障碍。"（《瑜伽经》1.30）这九种心的涣散，发生在我们不同人的身上。

疾病。人来到世上，没有一个人没有生过病，有的大病，有的小病。疾病是苦难的来源，疾病也可能是觉悟的契机。但在正常情况下，疾病是一种心的涣散。疾病导致身体能量不足，无法在身体内外达成能量平衡，更无法载着我们的灵魂渡过生命的海洋。

疲倦。如今的我们，工作节奏太快、生活方式多样，常常疲劳，生活乏味。疲劳会降低免疫力，减少活力素奥伽斯（ojas），最终导致各种身体疾病。

怀疑。怀疑是一种病，它限制内外的能量运行，阻碍生命的成长。怀疑是能量不足的表现，终止了精微能量的自然流动。除非我们在瑜伽中获得瑜伽的经验，否则我们无法消除怀疑。

拖延。在现代社会中，拖延是一种普遍的现象。能量不足是拖延的核心。拖延表明我们缺乏能量，无力按时按质完成一项任务。有研究说，拖延症是我们不能及时解决问题而采取的自我保护方式。拖延也和信心不足、和怀疑有关。

其他若干种心的涣散，如懒惰、欲念、妄见、精神不集中和注意力不稳定，也都有它们各自的特点。"心的涣散会伴随着痛苦、沮丧、身体摇晃和呼吸不畅。"（《瑜伽经》1.31），等等。

总体上，心的涣散，是精神的懒惰。我们修习瑜伽，经验有起有伏，但是精神懒惰了，心就涣散了，就难以达成瑜伽的目标。要赶走精神懒惰、心的涣散，就需要瑜伽的专注。

第十二讲
安静温暖，还是不安、虚无或狂躁

　　三摩地是帕坦伽利的终极瑜伽目标。但由于我们大部分人对三摩地的了解很少，三摩地被神秘化了。

　　毗耶娑在注释帕坦伽利的《瑜伽经》时，直接说瑜伽就是出神状态，就是三摩地。出神状态是什么状态？有人这么描述过自己的出神状态：看到一道金光从天而降，感到自身十分渺小，光越来越强，自身越来越小，光越来越扩散，自身被光所包容。光给了自身透明的感觉，自身掉进了光中，消融到光里，成了光。类似的这种出神状态，像商羯罗大师说的，就是一滴水融进了大海的感觉。这样的状态，有人说是温暖的、从容的、安静的、喜悦的，有人说失去了灵魂，是虚无的、恐惧的、不安的，失去了自我的。也有人说，他的出神表现为一种狂喜或者神魂颠倒：有人在舞蹈中、在不断旋转中，忽然流泪，然后极度兴奋，或者狂喜。无论怎样，温暖也好，安静也好，虚无也罢，狂喜也罢，此时的意识处在一种非常状态中。

某些神秘主义的诗人，用他们的诗歌描述了一些出神状态。如神秘主义诗人卡比尔（Kabir，也译为迦比尔，1398—1518）的诗篇《彼岸之后》①：

到达彼岸之后
你要去哪儿，噢，朋友？
那里没有路可走
举目望不见行人
没有起点，也没有终点
没有水
没有船，没有船夫，没有绳索
没有大地
没有天空，没有时间
没有河岸，没有可涉水的浅滩
你忘记了内在的真我
你在虚无中探寻，一场徒劳
转瞬之间，生命就会溜走
这个身体里的你，也留不住
朋友啊，时时刻刻牢记勿忘
你必须沉浸到，你的真我中
卡比尔说，那时你不需要拯救
因为你真的就是，本来的你

---

① ［印度］卡比尔著，钟七条、智严、张玉泽：《大海融入一滴：卡比尔诗选》，妙高峰上，2021年，第130页。

深受卡比尔影响的诗人泰戈尔（Rabindranath Tagore, 1861—1941）在《吉檀迦利》中也有一些这样的描述，如第44首献歌：

在影子追逐光的地方，在初夏雨水来临的季节，站在路旁等候与观望，那便是我的快乐。

你的使者从不可知的天界带来了你的消息，向我致意后他又匆忙赶路。我满心欢愉，吹来的柔风中，呼吸到的尽是阵阵甘美的清香。

从清晨到夜晚，我一直坐在自己的门前；我知道，当我一看见你，那快乐的时光便会倾泻而至。那时，我会自歌自笑；那时，空气中也会充满着祈请与应答的芬芳。

（闻中译）

作为神秘主义诗人，卡比尔诗歌背后的哲学基础是吠檀多哲学和苏菲哲学，他的出神之境是宁静中的活跃。而泰戈尔同样体现出宁静中的活跃。

据说，印度近代瑜伽士室利罗·罗摩克里希那（Sri Ramakrishna）经常进入三摩地中。然而，一旦进入三摩地，他就不能自理，或者说自我知觉不断模糊，需要有人保护。出神，三摩地，有时可能是不安全的。对此，我们要有清醒的认识。

帕坦伽利的瑜伽所教导的三摩地是什么？帕坦伽利的瑜伽是根据八支瑜伽严格修习的，有着系统的修习次第，一步一步提升，通过社会伦理道德的规范、个人的自律、体位

（坐姿）、调息、制感、专注、冥想，最后通向三摩地。在经过规范化的约束，通过最终的制感，导致的出神状态是宁静的、安详的、温暖的，而不会出现激情澎湃的、手舞足蹈甚至癫狂的状态。

第十三讲
三摩地有三种，但我们只取善良的

三摩地是我们的宝藏。大家都对三摩地好奇。其实，三摩地并没有那么神秘。要理解三摩地，首先需要对瑜伽的哲学做一个了解。但是，无论怎样，三摩地是一种普遍现象，我们每个人都能参与三摩地。

三摩地，对于我们大众来讲，首先是广义的。提出这一观点的是吠陀以及阿育吠陀专家大卫·弗劳利（David Frawley）。为了理解广义的三摩地，我们需要介绍一个非常重要的理论——三种能量理论，也可以说三种德性的理论，在瑜伽哲学里，简单地称之为三德论。

根据印度瑜伽哲学以及数论哲学，这个世界的根基，用一个名词来表达，叫原质，即原初物质，也可以称它为物质自然。原初物质具有三重属性，或者三重能量的展示形式，分别是善良的、激情的和愚昧的。人、物，其存在的状态和这三重能量的占比有关。正如《薄伽梵歌》教导的，如果某人抑制激情和愚昧，善良就占据主导；如果某人抑制善良和愚昧，激情就占据主导；如果抑制善良和激情，愚昧就占据主导。当自我知识的光照亮身体的所有感官时，这时善良能量占主导。当激情能量占主导时，就会带来贪婪、活动、自私、不安和渴望。当惰性能量占主导时，就会带来愚昧、呆滞、粗心和虚妄。（参见《薄伽梵歌》14.11—14.13）知道了物质的构成原理，就会知道三摩地。

毗耶娑曾说瑜伽就是出神状态，就是三摩地，就是一种和对象的融合。这里的对象，首先就是粗糙的物质。我们完全可以从物理上去理解，一座山、一摊水、一棵树、一片草地，就能构成梵我合一的三摩地境界。你站在山顶，山下是海，你的头顶是天。只需放下你的小我，你就进入天人合一的圣境。梵我合一也可有不同层次的境地，物理层、能量层、精神层，等等。这些不同的层次可被理解是不同层次的三摩地状态。而从三种能量的角度来理解，有三种三摩地：愚昧能量占主导的三摩地、激情能量占主导的三摩地以及善良能量占主导的三摩地。

我们先谈谈基于愚昧能量的三摩地。当我们的心意处于迷幻状态时，我们就会陷入无念、无感的状态，诸如睡眠、昏迷、酗酒、吸毒等带来的就是这样的低层次能量状态。基于这一能量，也可带来合一感以及极大的快乐。睡眠之所以非常重要，就是因为好的睡眠就是好的三摩地。在这个层次的三摩地中，能量得以补充。当我们遇到诸如打击、撞击或特别的疾病，会陷入昏迷。某种程度，我们也可以说昏迷是一种自我保护，只不过是愚昧能量占据主导。从阿育吠陀瑜伽的角度看，愚昧能量类型的三摩地有些是值得肯定的，有些则需要避免，例如通过药品等达到的低层次融合状态就不是阿育吠陀瑜伽所倡导的，而是需要坚决反对的。但基于愚昧能量的三摩地提供良好的睡眠，则为我们征服睡眠障碍提供了路径。又如，我们可以通过强化土元素（山）让我们进入一种稳定的、精微的合一中。对普通人来说，只有稳定在与愚昧能量占主导的土元素的合一中，才能真正经验到一种内在的合一之味。

第二种三摩地是基于激情能量的。当人的激情能量占了上风，就会触发主体之人和客体意识的消融。如我们大家都肯定有过和谐完美的性爱。在这种性爱中，当事人完全沉浸在激情能量的流动中，那一能量超越了心意的波动，就如大海上的巨大的浪花淹没了那些小浪花，在巨大的激情能量下暂时终止了众多心意的小波动，人就会如其所是地处于激情所带来的极乐状态中。也有人说，这种状态不仅仅发生在人们的性爱中，也发生在人与自然之间。人的激情能量参与到天地之间，达到一种合一。古今都有人喜欢天地之境，这种参与不是抽象的，而是存在着能量的流动和融合。

某些体育运动，如马拉松、强烈的哈达瑜伽体位习练等，也有可能将我们带进主客消融的三摩地中。艺术家对某种类型艺术的强烈追寻，也使他们体验到这种激情能量所带来的主客消融而引发的极度的喜悦。我曾在《阿育吠陀瑜伽》中说过，工作有时也能成瘾，人们会沉溺其中，因为我们全然地参与到工作中，以至于忘记了自己，从而达到三摩地的境界。我们追求财富和名声在某种程度上可以达到三摩地状态。

　　第三种三摩地是基于善良能量的。帕坦伽利的瑜伽所追求的就不是基于愚昧能量和激情能量的三摩地，而是基于善良能量的三摩地。我们很多瑜伽人在实践瑜伽，但对三摩地的认识未必是帕坦伽利所谈的，甚至不是古代印度众多的瑜伽导师们所追求和倡导的。不同类型的三摩地，达到的方式会有差别，它们的持续时间以及对人的影响也不同。在帕坦伽利看来，只有基于善良能量的三摩地，才有可能让我们达到稳定。基于愚昧和激情的三摩地，尽管有其特点，但它们多有弊端，因为它们不能使得我们获得瑜伽的目标，即自由。

　　大瑜伽士辨喜说，三摩地是每个人的特征——不，是每一个动物的特征，从最低级的动物到最高级的天使，每一个动物都会在某个时候达到这一状态。但是，不是每个人都能经验不同能量主导的三摩地。我们应当信心十足，不要懦弱，要勇猛努力，不断实践必将我们带往自由之境。

第十四讲
人不是机器，不要让心带走你的自由

冥想是帕坦伽利瑜伽的核心内容。

冥想一词，不同人会有不同的解释。当代人对冥想非常重视，科学研究也非常之多。如今，冥想不仅仅出现在修行者那里，大量的普通人也在实践冥想，甚至有企业把冥想视为员工的一种基本的自我管理方式。人们似乎达成了共识：现代社会，人们生活十分紧张，冥想帮助人们减轻压力，稳定情绪，促进自我内在调整，增强自我判断力，提高免疫力，等等。

冥想，meditation，词根与医学（medicine）有关。医学，实际是指"维持健康的艺术和科学"，其含义远多于吃药和打针。医学一词，来自拉丁词根"medicus"（医生）和"mederi"（治疗），而"Med"指"中间"或"冥想"，它是某种健康和疾病、安逸和不安逸（dis-ease）之间的干预。

简单地说，冥想是一种自我治疗。这种自我治疗就在于平衡，或者是在健康和疾病之间的干预。从当代科学研究看，我们可以把冥想理解为主动抑制知性和理性活动，从而使得自律神经呈现出稳定的和活跃的状态。我们知道，自律神经是独立自主而无法用人体自己的意志去控制的神经，它分为交感神经和副交感神经两大系统。这两者间保持着绝妙的平衡。当自律神经承受来自外界的各种压力时，交感及副交感神经就会失去平衡，此时必须从间脑释放出脑内荷尔蒙，来重新修复混乱了的自律神经。而研究表明，冥想可以让左脑平静。当脑波呈现为 α 波时，想象力、创造力与灵感便会不断增强，同时对于事物的理解力、判断力都会提高，而身心则会感受到宁静、愉快、舒适。有研究者说，以冥想开启直觉，可获得发明的启迪。阿育吠陀瑜伽则认为，冥想会刺激脑部的次级卡法即塔帕哥（tarpaka），一旦脑部获得了有效刺激，人就会体验到极度的喜乐。瑜伽中禁制、劝制、体位、调息、制感，都是服务于后面的冥想，可以说冥想是帕坦伽利瑜伽的实践核心，这和我们一般讲的哈达瑜伽有较大差别。

也有人对冥想的意义研究得更加深入，他们认为，冥想会让冥想者不断放下小我（ego），在这一状态中，冥想者的意识并没有消失，而是处于十分觉知的状态，潜意识的活动则更加敏锐和活跃，这时，容易和外在对象的世界以及更高层的能量发生共振。在这样的状态下，冥想者可以进入更内在的世界，获得更大的智慧，那时"知识可以说充满真理"（《瑜伽经》1.48），并且"内容上它不同于推理和研习经典所获得的知识，因为它涉及事物的本质。"（《瑜伽经》1.49）也即当瑜伽修习达到足够深度时，瑜伽士会获得更为内在的经验，那时普通的感官和心意的活动、现象的世界退却了，新世界开启，人们用"ṛtam"来表达这一状态，并在这样的状态下，获得知识和真理。用当下的时尚话来说，通过冥想到达"云端"，触接 "云智慧"。

对冥想的探索没有终止。但在这一探索中，我们可以区分三类冥想传统：

第一类，基于吠檀多传统的冥想。它强调世界和自我的不二。因为基于这一传统，其中的一些冥想方式就不会出现在帕坦伽利瑜伽传统中。如大家熟悉的so'ham冥想法，就属于吠檀多传统，而不会出现在帕坦伽利的传统中。基于吠檀多传统的冥想方法，可以参考《瑜伽喜乐之光》《直抵瑜伽圣境》等作品。

第二类是基于数论传统的冥想。它强调自我的本质（原人、真我、普鲁沙）从物质自然中分离出来，是一个通过专注而不断消融的过程。

第三类是基于阿育吠陀瑜伽疗愈系统的冥想。阿育吠陀瑜伽疗愈冥想的首要目的是调理身体、疗愈身心不适。在中国的传统养生学中，也有很多冥想方法可以归于这类冥想。

以上是简单的分类。我们还要了解下与冥想相关内容的区别。

第一，冥想不是简单的沉思，不是一种消耗能量的智力活动。冥想是放松的，不是用心去思考一堆观念、概念。

第二，冥想不是（自我）催眠。冥想是冥想者的主动行为，而催眠则是被动的，心意受他人控制和带领。即便是自我催眠，也是自我心意运作的结果。对于催眠，这种被心意控制的行为，瑜伽修行者需要特别注意。不要让心意带走你的自由。

第三，冥想不是自我暗示。但在开始时可以用一点自我暗示，为冥想带个头，但不要把它作为冥想本身。

第四，冥想不是宗教行为。有些宗教会运用冥想这一手段，但作为方法的冥想独立于任何宗教。我们尊重宗教中运用冥想这个方法，但我们不能把冥想和宗教联结起来。随着科学研究的探索深入，冥想作为一种独立的身心实践方法，会得到更大的发展。而冥想的美妙，一般人只会看到它对身心的疗愈效果，诸如减压、稳定情绪、提高专注力和判断力等，而真的瑜伽士看到的是它带来的内在平静、喜乐、觉知和超然之境。

第十五讲
认清五鞘，通过并经历五鞘

我们已经谈到，瑜伽哲学认为，我们人本可安住在我们自身的本性之中，也就是作为生命，我们原本安住在生命本有的圆满状态中。但是，现实并非如此。

瑜伽是一种我们面对有限、短暂、不确定的一种方式，透过对自我的认知，发现生命本来的面貌，通过智慧这把利剑，斩除种种遮蔽生命的杂草，跨越沼泽，回到生命的母体。对此，帕坦伽利的瑜伽提供给我们的是个体化的道路，也就是通过生命个体的自我努力，摆脱自己的局限，摆脱生死的限制，也就是找到我们自身因为种种原因而让自己迷失的原因，从而达到生命的圆满。

在我们尝试解决问题的道路上，我们一定会遇到一个问题：究竟是什么东西限制了生命回归母体、恢复本性、达成圆满？换句话说，阻碍生命达成自我圆满的障碍究竟是什么？

帕坦伽利已经说过，在走向圆满、走向三摩地的途中，遇到的问题是心的涣散。心的涣散表现为疾病、疲倦、怀疑、拖延、懒惰、欲念、妄见、精神不集中、注意力不稳定。在这些导致心的涣散的因素中，哪个是瑜伽修习路上最大的障碍？

疾病、疲倦、怀疑、拖延、懒惰、欲念、妄见、精神不集中、注意力不稳定，我们很难识别它们之中有哪一种真正成了个体生命途中的障碍，因为瑜伽的道路是个体化的道路，道路上的障碍也是个体化的，这些障碍都有实际案例。正因为此，帕坦伽利给出的思路才不是单一的、同样的，而是充分考虑了生命个体的差异。

当然，在考虑个体差异的同时，也要考虑共性。这九种心的涣散的背后就是心的波动，而心的波动的背后是认知问题、分辨问题。错误的认知或者无知、无明，就是心的波动背后最大的原因、最根本的因素。也就是，无知、无明是瑜伽之路上的真正障碍、最大障碍。

我们从人的五鞘（五个身体）、五个维度来讨论无知。

第一，我们有一个粗糙的身体，瑜伽里称之为粗身鞘。在不同的文化中，人们对身体的认知并不是统一的。有的观点否定身体、排斥身体；有的观点肆意利用身体、归于身体；还有的主张要肯定身体、通过身体而走向生命的圆满。肯定和通过身体，就需要对身体本身有一个合理的认识。

第二，我们有一个能量的身体，瑜伽里叫能量鞘。能量鞘保证了我们这个身体的生命活力。这个能量鞘本身没有自我觉知，但它却完美地维持着身体的运行和活力。能量鞘的强弱影响着我们的整体状况。没有足够强大的能量鞘，我们也很难走向完美。能量鞘比粗身鞘精微。

第三，我们有一个心意的身体，瑜伽里叫心意鞘。心意鞘让我们有情绪，有感情，有念头，有想法。心意鞘可以干涉或影响能量鞘，并通过能量鞘影响粗身鞘。心意鞘比能量鞘精微。

第四，我们有一个智性的身体，瑜伽里叫智性鞘。它有理性，有意志，有自我，能判断、指导、控制心意鞘，并通过心意鞘去控制能量鞘和粗身鞘。智性鞘比心意鞘更加精微。

第五，我们还有一个喜乐的身体，瑜伽里叫喜乐鞘。喜乐鞘是一切喜乐的源头，被视为生命在这个世上的原因。奥义书说，世界生于喜乐，维系于喜乐，消融于喜乐。控制智性鞘的，就是喜乐鞘。喜乐鞘最精微。

身体的五鞘从外到内越来越精微，上一层的体鞘可以控制下一层的体鞘，而不同体鞘之间相互作用。瑜伽士并不排斥五鞘，也不会沉溺于五鞘，更不会成为五鞘的奴隶。要达到这样的境界，十分困难，这一困难是因为我们的错误认知——我们总是在不同的程度上认同于这五鞘，在瑜伽之路上，我们很可能停留在这五鞘的某一鞘上，或被束缚在其中一个或几个鞘上。只要你认同于某个体鞘，你就被束缚在五鞘上。

这错误的认同，是我们瑜伽之路上的最大障碍，是瑜伽的最大困难。正是这种错误的认同引发了无穷的问题。只有当我们把五鞘当作通道，也就是前面已谈到的，把五鞘视为"圣殿"，不排斥它们，也不沉溺于它们，而是通过它们，经过它们，我们才能约束心的波动，也才能升起正确的知识。

第十六讲
专注，把心意放在那朵莲花上

上一讲我们谈了走向瑜伽目标路上的最大障碍，即错误认同或无知。但要消除这种终极的障碍并不是那么容易的。我们可以通过一些容易上手的具体方式来消除我们的瑜伽修习的障碍——心的涣散，最终消除无知或者说错误认同这一终极障碍。

帕坦伽利在《瑜伽经》第一篇不仅仅教导了瑜伽的最终目标是三摩地，同样还提供了达成这一目标的具体的修习方法。因为这一缘故，有人甚至认为第一篇是一个独立的文本。我们不争论，但第一篇的核心确实是教导了瑜伽的目标是抵达三摩地，并对达到三摩地的步骤提供了系统的理解，也给我们指出了达到瑜伽目标的机制和具体的方法。其中，最基本的方法就是专注。

帕坦伽利说："专注于一个真理可以消除心的涣散。"（《瑜伽经》1.32）这里的"真理"于不同人有不一样的理解。不过，考虑到前后文，依据一些研究成果，基本上可以把这里的"真理"理解为下面的7节经文：

1.培养德性。（《瑜伽经》1.33）

2.修习调息。（《瑜伽经》1.34）

3.专注于导致细微感知的形式。（《瑜伽经》1.35）

4.专注于内在之光。（《瑜伽经》1.36）

5.专注于觉悟者之心。（《瑜伽经》1.37）

6.专注于梦境或深度睡眠的体验。（《瑜伽经》1.38）

7.专注于符合自己心愿的对象。（《瑜伽经》1.39）

在第二部分我们还会更具体地谈到专注的冥想实践。这里，我们笼统地谈一谈帕坦伽利在"三摩地篇"中提供的专注冥想方法。这些方法，有的已经被人们实践，但大部分都没有受到瑜伽人的特别关注。但事实上，我们普通人完全可以实践这些专注的方法。

第一种专注的方法是培养一种正确的德性。帕坦伽利提供了培养德性的四把钥匙，他说："心的平静来自对德性的培养：对幸福者友善和对不幸者慈悲、对有德者喜悦和对邪恶者冷漠。"（《瑜伽经》1.33）瑜伽士卡雷拉（Reverend Jaganath Carrera）说，如果我们能够把控好对待人的这四把钥匙，我们就可以达到并处于平静中。可现实是，很多人无法真正使用这四把钥匙开启心灵的宁静之门。例如，羡慕嫉妒恨的很多，我们如何能真正做到对幸福者友善？

还有，非常值得关注的是，能否首先把这四把钥匙运用到我们自己身上。就是说，首先对待我们自己的幸福要友善，对待我们自己的悲伤要慈悲，当我们展示德性时要喜悦，消除我们的弱点时要坚定、忍耐和冷漠。只有当我们把培养德性的这四把钥匙既能运用于他人，又能运用于我们自己时，心才能安定而不至于涣散。

第二种方法是调息法。调息（呼吸）可让心安静下来。调息，涉及生命的重要能量，这个能量朝下抵达身体，朝上通往心意。《哈达瑜伽之光》中说，呼吸不稳，则心意不稳；呼吸稳定，则心意稳定。因此，瑜伽习练者要获得不动的心意，就应该控制住呼吸。可见，调息对于稳定心意有多么重要。对于我们普通人，需要选择适合自己的调息法，让自己真正受益。

第三种方法是专注于导致细微感知的形式。在瑜伽的进程中，我们的身心会发生变化。你细细观察自己的呼吸，会在观察自己的呼吸中了解到一个以前似乎从不曾关注到的精微世界。你会对其中的一些变化特别在意、受益，很容易就因此静下心来。例如，呼吸时，舌顶上颚，坚持一段时间，会很自然地感到一种愉悦，体会到一种内在喜悦。这种细微的觉知——注意，不是粗糙的感知，可以把涣散的心收回来。修习瑜伽需要规范，坚持，甚至定时。这些都会让我们更容易获得细微的觉知，而对这些感知的专注会让你消除心的涣散。形式有很多，专注于鼻尖、喉咙、脐下三寸、手心等，选择一种喜悦自己的就好。

第四种方法是专注于内在之光。这是一种非常好的专注法。我曾在靠近伦敦的一个道院做学术访问，住了一段时间。我住的房间很大，时值冬季，天气很冷，基本上都在房间里读书、思考和瑜伽。房间墙上有一幅圣人的画像。画中的圣人心中有一团光，圣人结着一个手印。当时我只对圣人的手印感兴趣，不过没搞明白那个手印是什么，但对圣人心上的那团圣光倒是记得清清楚楚。我每天都注视、观看它，我的内心似乎也升起一团光，那光从画中的圣人那里流到了我的心中。几乎没有思考，只是愉悦和平静。

第五种方法是专注于觉悟者之心。你认可一个具体的觉悟者，认可他是一个完美者，那么你也可以专注于这位觉悟者的心。当你已经认可他、感受到他的觉悟智慧、专注于他的心，就可以感受到清净、纯粹、智慧、自由、可靠、无遮蔽，驱散心的涣散。

第六种方法是专注于梦境或深度睡眠的体验。我们每个人都做很多梦。有的梦会带给人启迪，有的梦会给人带来身心愉悦，有的梦让我们终生难忘。你可以选择一些令人愉悦、给人启发的梦境。你可以充分还原梦境，甚至添加梦境细节，专注其中。

第七种方法是专注于符合自己心愿的对象。我们每个人都有自己的心仪之人、心仪之物、心仪的神圣，等等。通过专注于这类符合你心愿的人、物等对象，可以把涣散的心拉回来。事实上，体质不同、德性不同、觉知高度不同，符合我们自身心愿的对象会有很大差别。但是没有问题，只要能把心拉回来、消除心的涣散，带来宁静就很好。

总体上，这些专注的方法，以一念带万念，由此心得以平静。但如果你实在没有什么办法可以专注，那么，有一个最简单的办法，即专注于你自己的心。你的心像莲花一样纯洁。当你呼吸时，可以专注于自己的心莲。随着呼气和吸气，心莲的花瓣渐次开放、收拢。如此，把涣散的心带回来、安住在纯洁的心莲中。

第十七讲
生命的三摩地，需要精进努力

生命管理的目的就是自由之境，就是我们熟悉的三摩地。要达成三摩地这一自由的生命之境，就需要约束我们生命之心的波动。心的波动有五种，正是这些波动使得我们心意涣散，这些散乱的心意阻碍着我们达成生命的目标。要消除心的涣散，可以通过不同的专注法，并最终引导生命走向三摩地。但这一切需要我们不懈地努力精进。

广义的三摩地，分别是基于愚昧能量的三摩地、基于激情能量的三摩地和基于善良能量的三摩地。帕坦伽利瑜伽的生命三摩地，不是基于愚昧和激情能量的三摩地，而是基于善良能量的三摩地。

帕坦伽利瑜伽三摩地，为何是基于善良能量的三摩地，而不是基于其他能量的三摩地？原因很简单，其他类型的三摩地并不究竟，而是短暂的、暂时的，并不能带来真正的生命自由，也就是说，依然处于种种业力（karma）的束缚中。而瑜伽的生命目标是达到生命的自由，在有限的时间内达成生命的圆满。

在多数情况下，我们大多数人并不处在善良能量主导之下。在多数时候人们的三重能量纠缠在一起，而善良能量占主导的机会相对有限，激情能量占主导的机会更多、也更强。社会中多数人都在激情能量主导之下，少数人在愚昧能量或者善良能量的主导下。一个理想的社会，或者说人们所渴望的大同社会，则应是基于善良能量占据主导的。而社会的教化就是要激活善良能量，使得社会的善良能量占据主导。然而，这并不容易。古老的吠陀占星学认为，这取决于宇宙能量的汇聚和推动。但宇宙中愚昧、激情和善良这三种能量的运行是一种自然的运行，就如春夏秋冬四季的更替。所以，在瑜伽界有这样一种说法，瑜伽修习需要宇宙的机缘、大地的机缘、地区的机缘、家族的机缘、科学和技术的机缘、个人习性的机缘，等等。

当今时代是一个特别殊胜的世代，有很多好机缘，促进我们走向瑜伽的道路，并帮助我们更容易地达成瑜伽的目标。如今，几乎没有什么隐秘的瑜伽知识是不开放的。瑜伽的各种哲学、思想、修习方法都是开放的，在这个技术时代人们非常容易接触到它们，也比以往更容易理解这些内容。自辨喜就《瑜伽经》在西方做系统的演讲和阐发（最后以《胜王瑜伽》之名出版了辨喜一生中最具原创性的著作）以来，《瑜伽经》的奥义一次又一次得到阐释、一次又一次落到当下世界。帕坦伽利的《瑜伽经》得到了越来越广泛的传播，经典传递的信息也越来越清晰明白。

但是，这依然需要我们付出巨大努力。我们要达成瑜伽的目标，要朝三摩地方向迈进，最终获得生命的自由，就是要朝向基于善良能量的三摩地进发。为愚昧能量所主宰的人，为了修成善良能量主导的三摩地，他首先需要让自己从愚昧能量主宰的身心状态中摆脱出来，走向以激情能量为主导的身心状态，再从激情能量为主导的身心状态，转向以善良能量为主导的身心状态，而这个过程，就是约束心的波动的过程。我们绝大部分人修习的瑜伽就处于这一过程之中。在我们采取不同的方式迈向三摩地目标的途中，需要克服种种障碍，需要努力，首先需要切实地消除心的涣散。如此，在这一过程中，三摩地就会一个次第、一个次第地呈现。就如帕坦伽利说的，"纯净的水晶会接受离它最近的物体的色彩，心也一样，当约束了心的波动时，就会达到认知者、认知对象以及认知的同一。这种与认知对象的同一被称为三摩地。"（《瑜伽经》1：41）对心的约束所达到的程度，就体现在不同层次的三摩地中。不同层次的三摩地类似禅宗中修习的不同禅境。不同瑜伽士对修习的三摩地有不同的认识和解释，但帕坦伽利提供的三摩地境界，代表了基本的也是权威的瑜伽认知范式和实践范式。

三摩地第一境——和带有名称、性质等粗糙对象同一。当心和专注的粗糙对象达成同一，即认知者主体、认知客体即粗糙对象达成同一、但同时在这一过程中还包含着名称、性质和知识的意识，这被称为有寻三摩地。例如，你看到一片绿地，你会意识到：一是这一对象的名称（绿地，甚至考虑到是耶鲁的绿地、剑桥的绿地，或者浙江大学的绿地）；二是对象的性质（绿地的大小、形状、颜色、密度等）；三是对这块绿地的知识（看到过它、了解它这一事实）。通过专注，你可以和绿地达到同一，但你心中依然有这一对象即绿地的名称、性质和知识的意象。这里的粗糙对象是指什么？一般可以理解为由地水火风空等元素构成的一切事物或对象。

三摩地第二境——和粗糙对象同一，但不带有名称、性质和知识。专注对象和第一境一样，但这时，消除了有关对象的名称、性质和知识的意识。这时达到的三摩地是无寻三摩地。（《瑜伽经》1:41）

三摩地第三境——和带有名称、性质和知识的精微对象同一。第一境和第二境都是有关粗糙对象的。当专注的对象是精微的时候，发生的一切就和第一境、第二境不同了。心和专注的精微对象达成同一，即认知者主体、认知客体即精微对象达成同一，但同时在这一过程中包含着名称、性质和知识的意识，这被称为有伺三摩地。这里，精微对象是什么？一般可以把它理解为五大精微元素（色声香味触）等。（《瑜伽经》1:42）

三摩地第四境——和精微对象同一，但不带有名称、性质和知识。专注对象和第三境一样，但这时专注者消除了名称、性质和知识，也就是消除了对这些精微对象的意识。这时达到的三摩地为无伺三摩地。（《瑜伽经》1:44）

三摩地第五境——对智性（对善良属性也就是萨埵属性）的专注。这一三摩地本质上是专注于善良属性，属于"由智慧而入定，由入定而喜乐"的境界。（《瑜伽经》1:17）

三摩地第六境——对我慢（私我）或者说对"有我"（asmitā）的专注。这一三摩地中只有"有我"的意识。（《瑜伽经》1:17）

以上所有的三摩地都属于有智三摩地。（《瑜伽经》1:17）

三摩地第七境——无智三摩地。当我们停止一切认知，只留下潜在印迹的时候就进入无智三摩地。（《瑜伽经》1:18）

有智三摩地和无智三摩地，又被称为有种三摩地。

三摩地第八境——无种三摩地。如果我们把这些潜在印迹也消除了，那就进入了无种三摩地的境界。（《瑜伽经》1:51）

上面关于三摩地的一些次第，比较复杂，我们只是在智性上加以区分。没有实践，还是不容易真正理解的。如果我们真要走向深度的瑜伽之路，这些内容不仅要在理智上或认识论上非常熟悉，而且在内在的修持上也一样需要非常清晰。当然对于普通人而言，有一个大概的认识、一个总体的方向，也就很了不起了。当我们的认识深化了、修为提升了，我们的认知要求就会深化。

三摩地的境界很美妙。这里是毗耶娑的一首诗歌，描述了三摩地的境界，这一境界来自无伺三摩地：

　　智者登上智慧的宫殿，

　　无忧无虑，犹如站在高山之巅，

俯瞰世间充满忧虑的一切众生。

（黄宝生译）

这个基于善良能量的三摩地非常宏阔和美妙。我们要善待自己的生命，珍惜生命的时间，寻找到合适的方式和合格的导师指导，力争在有限的生命里达成这一瑜伽目标。

第十八讲
生命管理的核心是管理我们的心

  《瑜伽经》第一部分内容的讲解即将结束。我们来回顾总结一下这部分值得进一步深入理解的内容。

  第一，我们首先要认识瑜伽就是一种生命的自我管理，《瑜伽经》是一部个体生命的自我管理学著作。

  帕坦伽利的瑜伽属于吠陀文化的一个部分。瑜伽是吠陀知识的实践，通过专注、冥想开发我们的内在能力，约束心的波动，掌控我们自己的生命，做生命的主人，最终走向生命的圆满。这种知识和实践服务于生命的自我管理。而生命的实践不是浪费时间，而是具有内在的修习次第的。当我们真正了解了瑜伽是我们自己生命的管理这一精髓，我们就不会认为瑜伽实践是一种时间的浪费，也就不会在瑜伽中跟风，而成为一种相当的自律行为。面对珍贵的生命，珍惜时间，珍惜机会，珍惜我们所拥有的一切瑜伽因缘。

  《瑜伽经》不是帕坦伽利随意撰写的一部作品，而是包含了帕坦伽利对芸芸众生的巨大慈悲。通过这部具有规划性的作品，他指导弟子们，指导人们走向自主的生命管理之路。通过《瑜伽经》，我们看到了一位觉悟的瑜伽圣者，看到了一位伟大的瑜伽士心中巨大的爱和规范的教法，看到的是生命如何得到有效的管理，而在这样的管理下，生命获得其内在自有的尊严和自由。

第二，生命管理需要我们珍惜时间。

生命只有一次。生命在世上的时间非常短暂。但是，即便你活上100年，却不能明白生命的真谛而走向生命的自主管理，那也没有太大意义。人的生命有别于动物。且事实上，100年也是很快就会过去的。佛陀要人珍惜生命，珍惜人身，商羯罗大师在《分辨宝鬘》中强调拥有一个人的身体的重要性。而如今我们拥有了人的身体。这是多么的幸运。但这个幸运是指向生命圆满的，也就是，我们的身体是通向生命觉悟的一个工具、一座"圣殿"。这个"圣殿"，在不久的将来定会消失，或者因为一个偶然而消失。我们要抓紧时间，管好自己的生命。

生命管理的目标就是圆满，就是达到纯粹自我（原人、真我、普鲁沙、神我）和原质（物质自然、能量、三德）的分离，而首先就是要摆脱烦恼和痛苦。在第一章，帕坦伽利就为我们树立了一面旗帜。

第三，生命管理的核心是管理我们的心。

瑜伽就是约束心的波动。这种约束是生命主动的行为。我们被各种可能的波动所纠缠，无法安静。帕坦伽利抓住了生命管理的核心——心的管理。心是生命管理中的瓶颈。许多学问本质上都是心学。王阳明的儒学思想是一种心学，老子的道学是一种心学，佛陀的教法是一种心学，耶稣的教法也是一种心学。只有约束住了自己不羁的心，人生才能走稳，种种烦恼才能化解，诸多痛苦才能消散。

帕坦伽利提出的种种修习方法，如德性培育法、调息法、专注等，都是回摄涣散的心的方法。当心的涣散得到了控制，走向瑜伽目标的障碍就会得到清除。尤其是专注，带给我们心净化了的种种效果，获得不同次第的三摩地。检验我们的生命管理成效，只要看看我们的三摩地到达了哪个层次即可。

第四，有效的生命管理，不是盲目地进行，而要充分考虑个体的体质差异。

帕坦伽利在《瑜伽经》中强调了身体对于生命走向圆满的重要。但我们也知道，他的三摩地瑜伽不只停留在身体上，而是要通过健康并充满能量的身体走向圆满的生命。《瑜伽经》没有直接讨论阿育吠陀瑜伽的知识，但帕坦伽利是精通阿育吠陀的。阿育吠陀直接服务身体。在某种意义上，我们需要把阿育吠陀知识和帕坦伽利的瑜伽结合起来，这是吠陀的生命管理科学本身所内含的。吠陀生命管理包含着身心灵这三重生命的整体管理。

第二部分

Part two

生命的行为

第十九讲
拉住身心意的缰绳，控制身体这匹野马

现在开始《瑜伽经》第二部分的讲解。

《瑜伽经》第一篇详细讲述了三摩地。第二篇的核心内容涉及瑜伽诸多具体的修习艺术和次第方法。

第二篇开篇第一节，帕坦伽利教导我们的是第一步即克里亚瑜伽（kriyā yoga）。

帕坦伽利说："苦行、自我研习和顺从自在天构成了克里亚瑜伽。"（《瑜伽经》2.1）根据辨喜，克利亚瑜伽就是通过各种行动获得瑜伽成就。而在这种行动中，首先就是苦行。

梵文tapaḥ，来自词根tap，意思是"燃烧""产生热""带来能量"。但通常人们把它翻译成"苦行""禁欲主义"，但它的真正意思是通过"燃烧""产生能量"消除人格的不完美，也就是，通过tapaḥ让我们的德性从愚昧走向激情、从激情走向善良，最终消除我们的各种潜在的印迹。从表象上看，tapaḥ就是各种各样的苦行。而之所以苦行，是因为这种印迹就好像是植物的种子，一旦有合适的湿度、温

度、阳光等条件就会发芽。可以说，苦行是一种生命自我的净化。

从吠陀时代开始直到今天，我们都可以看到有人在苦行，并且这些看得见的苦行，诸如一直一只脚站立或者一直高举一只胳膊等，有些超出了我们的认知和承受力。当代大部分人对此排斥、不屑一顾，或者把这样虐待身体的苦行当笑话来看。饮食上，有的苦行靠吃树皮、野果维持生命，有的苦行者三五天吃一顿饭，甚至更长时间才吃一顿饭，有的甚至只喝水。他们在山林中，穿着简陋，甚至赤身露体，没有固定住所，任风吹日晒雨淋。在众多的苦行大师中，或许希瓦是一个典型人物了。传说，希瓦全身涂满圣灰、披着兽皮，每日冥想入定，是典型的苦行僧形象。人们把他视作苦行僧的保护者。在《至上瑜伽》中，也有很多苦行者的故事。有个女魔，叫卡克缇，登上雪峰苦行，她单腿站立屹立不动，像一尊大理石雕像。她甚至都没有注意到，无数个日月就过去了。终于有一天，她变得皮包骨头，瘦弱无比，形如骷髅。她就这样如大理石一样站立了一千年！

帕坦伽利并没有对苦行的具体含义做过多的解释。但有一点是可以肯定的，他要强调的苦行是基于善良德性的，是要把人引向善良的德性，不应该是简单地、单纯的肉体苦行。在《薄伽梵歌》中，克里希那对阿周那讲述了"苦行哲学"。

克里希那提出了苦行三维说，即身体苦行、语言苦行和思想苦行：

崇拜天界存在，尊敬再生者（婆罗门），尊敬古鲁，尊敬智者，纯洁，诚实，正直，过梵行生活，非暴力——这些是身体的苦行。语言不冒犯、真实、令人愉悦、让人受益，定期诵习经典——这些是语言的苦行。心意平静，思想纯洁，温和，自我控制，缄默，这些是思想的苦行。（17.14—16）

另外，克里希那还提出了苦行三类说，即愚昧的苦行、激情的苦行和善良的苦行：

瑜伽士心怀至上的信仰，不渴望获得果实，实践上述三类苦行，这是善良的苦行。为了获得礼遇、荣誉和崇敬，为了炫耀虚荣，屈从不确定和短暂的结果，这是激情的苦行。愚昧顽固，自我折磨，或为了伤害他人而行动，这是愚昧的苦行。（17.17—19）

我们从事帕坦伽利瑜伽的学习和研究，应该和《薄伽梵歌》中的"苦行观"不矛盾。在理上明白《薄伽梵歌》的苦行思想，对指导我们的生活十分有意义，它就如一面照妖镜，可以看出我们的生活状态、生命状态。

如何有效地将这样的苦行思想落实到我们普通瑜伽人的生命管理中呢？

第一，可以改变生活旧有的习惯，有意识地让我们的生活方式更加合理。这需要很强的意志力才能做到。开始时一定十分困难，但这是一种真正的苦行。我们都有某些习性，这些习性可能束缚着我们。需要从理智上、行动上、情感上艰苦努力。

第二，选择适合我们的瑜伽体位、呼吸法和冥想法，坚持实践。或许你只是跟风学习瑜伽的体位，也可能三天打渔、两天晒网，并不当真，遇到事情也就放下了，并不精进。而要真正苦行，就要坚持，雷打不动地进行。合理的体位苦行，可以改变肌肉僵硬，疗愈身体潜在的某些疾病。科学的呼吸苦行，可以加强我们的生命力，延长我们的寿命。科学的冥想，可以改变我们的精神状态，提升我们的生命境界。这样的苦行，可以带来内在的"热"，最终推进瑜伽目标的达成。总体上，这样的苦行是通过身体来引导我们的感官为我们所主动控制，而不是我们被感官所控制，就如缰绳和马匹——不要让马匹对我们为所欲为，而是我们主动控制缰绳、控制马匹，如此我们才能行稳致远。

第三，苦行需要戒律。传统上，苦行往往意味着禁欲。我们在苦行时，往往会面临各种诱惑。特别是苦行带来的巨大力量，往往给生命能量体带来考验、诱惑和嫉妒。很多苦行者都会在诱惑中被打倒。据说，佛陀在悟道之前受到魔王三个女儿的诱惑，耶稣在旷野里也受到了非同寻常的诱惑。普通人在苦行之路上，可以通过戒律来达成。在瑜伽之路上，认定目标，不动摇，坚持下去，即便面对诸如名声、利益等的诱惑，也可以通过自己确立起来的戒律来征服诱惑。

其实，人人都可以实践苦行的小目标，而不是一想到苦行就是放弃一切欲望，虐待身体，脱离人群。例如，你可以首先在下面几个方面尝试一下苦行：

生活方式。如戒烟、戒酒、戒色、戒手机不离手、戒游戏，等等。你如果有其中某个习惯，可以试着改变。

瑜伽体位。你原来体位不合适、做得不到位。你可以给自己定一个小目标，特别是对那些水型体质（卡法，Kapha）的人，需要有意志力，让自己坚持做足够量的体位来改善体质。

主动处理人际关系。我们可能和自己家人的关系很紧张，和同事的关系很紧张，和邻里关系很紧张。要改变它，就需要有一方主动打破僵局。你不妨做这个主动方，鼓起勇气去改善关系。

通过以上看得见的苦行及其成效，来增强我们修习瑜伽的信心。

我们普通瑜伽人的苦行目的，首先是通过瑜伽实践来净化身体，改善感官的感知力，洁净自己的心，回摄散漫的心——这是我们苦行的动机。通过苦行，让我们的身心朝更大的可能性开放，最终生命得以迭代。

第二十讲
获得知识的本质，努力实践

我们已经跟大家讨论了苦行。要理解苦行，需要回到历史中、现实中，而不能停留在抽象层面。帕坦伽利没有具体谈什么是苦行，因为在帕坦伽利的时代，苦行就是一个日常词汇，无须特别解释。但今日时代变了，人们的生活状态也不同以往。所以，我们既需要搞明白历史中苦行的含义，也要从中挖掘苦行在当今的意义。同样，对于帕坦伽利所谈的svādhyāya（自我研习），我们也需要做类似的理解。

斯瓦米·萨缇亚南达（Swami Satyananda）认为，这里的svādhyāya（自我研习）一词和《瑜伽经》第2章第32节中的svādhyāya一样，但它们的含义并不同。第32节中的svādhyāya（自我研习），意思就是阅读（特定的吠陀）经典。而在本节中，这个词的意思是通过不同视角来研究、理解自我的本性（自我研习）。正如辨喜所说，知识的秘密就在于获取本质。获得本质，努力实践。

这里，我们从几个方面来理解svādhyāya一词。

第一，研读经典。这里的经典，不是小说等文学，不是化学等学科知识，而是指导生命管理、生命自由的经典。那么，对于我们瑜伽人比较熟悉的，这里的经典是不是就是阅读四大吠陀经、诸奥义书或者《薄伽梵歌》等等呢？

很多人认为是的。但如果我们进一步研究，发现情况还不是这样的。

我们不能把奥义书纳入帕坦伽利所说的自我研习对象，至少在学习帕坦伽利《瑜伽经》的初期阶段暂时不要研读奥义书。奥义书思想纷繁复杂，其中很多思想和帕坦伽利《瑜伽经》所接受的背后的数论哲学并不一致。大部分奥义书主要的或者核心的思想是梵我一如，是一元论的，而帕坦伽利《瑜伽经》的核心思想则是二元论的，追求原人和原质的"分离"。如果我们在研习《瑜伽经》初期就研习奥义书，那么一个可能的结果就是思想上的混乱。

我们无法确定帕坦伽利是否阅读过《薄伽梵歌》，不能把它纳入他说的自我研习对象，同样，至少在学习帕坦伽利《瑜伽经》的初期暂时不要研读。《薄伽梵歌》是更为宏大、综合的瑜伽体系，而不只是帕坦伽利瑜伽所依据的纯粹的数论系统。《薄伽梵歌》充满了强大的吠檀多思想。

我们没有特别的理由说，帕坦伽利的自我研习对象不包括四大吠陀以及其他一些可能的吠陀经典。从我自己的研究看，自我研习的对象应该是由导师指导选择的吠陀典籍，弟子们是通过导师提供的经典来学习和探索的，因为导师会选择那些在他自己传承系统中但同样属于吠陀传统的典籍，而不会选择那些立场不一致的典籍作为自我研习的对象。

　　但是，我们可以肯定，帕坦伽利的自我研习的对象一定是那些教导生命自由的经典。这些经典，是前人的经验和反省之表达。对于这些经典，瑜伽行者一定经过了足够的分辨，甚至得到了不断的检验。辨喜认为，他只是为了强化他的信念而研习。研习经典，只是简单接受某一结论并不是目的，同时，对于生命的管理也没有用。研习经典，目的是为了获得本质，坚定本质信念，并努力实践。

　　当然，帕坦伽利是圣人。尽管他的《瑜伽经》主要是基于数论的，但是他的瑜伽思想却是开放的，正因为他思想的开放性，后来者才不断地从不同的哲学立场去注释、阐释他的《瑜伽经》，因为作为方法的瑜伽是通用的。对于我们普通的瑜伽行者，首要的是理解帕坦伽利的瑜伽。在获得一定瑜伽经验的基础上，继续前行。无论我们持有数论立场，还是站在吠檀多立场看待我们的生命，研习总归是要获得知识的本质，并努力实践。

　　第二，根据传统的理解，自我研习还包含了曼陀罗的唱诵。其中，最著名的当然是唵（oṃ）曼陀罗。在帕坦伽利这里，唯一提到的曼陀罗是种子曼陀罗oṃ。帕坦伽利说："常念此词，并冥想它的意义。"（《瑜伽经》1.28）关于oṃ这个曼陀罗的含义，在不同的传承中象征的意义也不同。帕坦伽利所说的oṃ，代表的是特定的原人。这个原人自然不同于吠檀多主张中的原人。日常中，我们会发现，一般人所接受的对oṃ的解释大多来自吠檀多哲学传统，而非帕坦伽利瑜伽传统。在吠檀多传统中，oṃ由a、u、m三个字母构成，a代表创造世界，系醒态；u代表维系世界，系梦态；m代表消融世界，系深眠态。然而，帕坦伽利对oṃ的理解以及数论哲学对oṃ的理解并不涉及这些。另外，如果大家关注佛学，也可发现佛学对oṃ的理解也不同于传统的吠檀多哲学传统以及帕坦伽利传统。

如何唱诵oṃ曼陀罗？我们可能只知道基于吠檀多传统的oṃ唱诵。然而，如果认可帕坦伽利所接受的数论哲学，我们一样可以唱诵oṃ曼陀罗，并没有什么特别的限制或要求。

第三，一旦确定了自我研习的经典和相应的唱诵实践，就要通过它们去沉思、冥想、坚定背后的奥秘——认识到知识的本质，即生命的本性。自我研习，要揭示的是我们背后的真我，即纯粹的意识、原人、普鲁沙，即我们真正的生命。这一工作异常艰难。需要导师教导，更需要持续不断地探索和努力。

有时人们也把这一探索视为"智慧瑜伽"。艾扬格大师就主张智慧瑜伽，我认为艾扬格的理解是非常深刻的。不过，要提醒大家的是，这里谈到的"智慧瑜伽"并不等同于吠檀多传统意义上的智慧瑜伽。在大众层面上，我们可以把商羯罗等人所主张的吠檀多哲学视为智慧瑜伽（可以参考拙作《智慧瑜伽——商羯罗的〈自我知识〉》）。所以，智慧瑜伽，既可以在数论哲学意义上说，也可以在吠檀多意义上讲。当然，后来的哲学发展，主要是在吠檀多哲学意义上讲的。而在帕坦伽利这里，我们可以用智慧瑜伽来表达"自我研习"。

第二十一讲
信奉即谦卑，放下即信奉

现在，我们继续谈论克里亚瑜伽中的信奉，即顺从自在天。

哲学强调理性。瑜伽首先是理性的，因为理性带给我们巨大的力量，让我们可以生活在诸多的确定性中。有个关于古希腊哲学家泰勒斯的有趣故事。据说哲学家泰勒斯是一个商人。可他不认真经商、不努力赚钱，总在探索一些玄乎的哲学问题，说"世界本原是水"之类的，所以他很穷，没有多少金钱。有人就说，哲学家都是些没用的、赚不到钱的穷人。有一年，泰勒斯运用他掌握的天文知识知道那年雅典人的橄榄将会获得大丰收，就租下了全村的橄榄榨机，趁机垄断价格，而狠狠赚了一把钱。他就是要表明，哲学家也能赚钱，理性可以达到某种确定性。

但是，瑜伽不仅仅是理性的，还有超越理性的地方。理性展示的世界是确定的，可以预示的，符合逻辑的。但理性也把人类局限在一个限定的世界中。理性构筑了一个自身有着边界的世界，其中的一切都是可以确定的。但现实是，人的关系不全是理性的，比如理性的恋爱就容易导致灰色的人生。一个人，从事哲学，太理性，估计是不会结婚的，因为他们无法真正面对非理性的生命。曾听到有个传言说，国内有一对夫妻，他们都是黑格尔哲学爱好者，但他们在如何理解黑格尔哲学的一些问题上出现了严重分歧。基于理性原则，他们无法生活在一起，他们离了婚。这难道是"道不同不相为谋"？但生命不只是理性。

生命的精神，离不开理性。但是，生命的精神成长也离不开非理性的一面，它们包含着身体、能量、情绪、爱等等。通常，在非理性的一面，最佳的对应词是信仰。在历史中、在现实中，理性和信仰一直彼此张力无限。瑜伽，又是如何面对理性和信仰的？

总体来说，帕坦伽利非常理性，因为其哲学基础——数论——就是一套严格的理性的哲学系统。但帕坦伽利的瑜伽实践并没有局限于纯粹理性。一是，他是在实践数论哲学、证悟数论哲学，实践本身并不单纯是理性的，实践是有生命的参与，涉及身心灵不同维度。二是，在《瑜伽经》中，有的内容已经超越了数论哲学，如他对特别的纯粹意识（即自在天、特别的原人）的理解就是他独有的，这个纯粹意识（原人、自在天）和人之间发生的关系，会搅动单纯的理性思维和实践。

我们并不知道帕坦伽利自己是否全然投入虔信瑜伽（奉爱瑜伽），但他并没有完全排斥。基于他在论述和特别的原人（自在天）的关系，可以引发瑜伽实践的新维度。其实，他在《瑜伽经》第一篇就说过"通过虔信自在天也能达到三摩地"。(《瑜伽经》1.23)而在第二篇中,则明确地把顺从自在天(奉献)视为克里亚瑜伽一个重要的部分。艾扬格大师说,顺从自在天就是一种瑜伽。这种瑜伽就是虔信瑜伽。

从帕坦伽利的"虔信瑜伽"出发,也就是基于顺从自在天的瑜伽出发,这提醒我们:

放下执着,放下不必要的期待。万物都是短暂的,你不能一直依附其上,不能始终执着它们,而是要知道一切来自物质自然(原质)的东西或对象都是短暂的、有限的、不会恒定不变。

顺从自在天,意味着将自己的一切在心中献给自在天。这就必然让我们从内心释怀,特别是放下"负能量",交给自在天。这也就是借助"交出去"这一通道而放下的方法论意义。

对自在天的顺从可能会导致个体自我和更大的对象即自在天(纯粹自我)之间的消融,从而消除私我(我慢),净化身心。

培养我们的德性——谦卑。这种顺从让我们明白自身的有限、渺小以及生命的染着,从而培养起一种发自内心的谦卑。这种谦卑,有助于德性从愚昧走向激情、从激情走向善良。

帕坦伽利相当理性的瑜伽探索之路,也包含着非理性的,甚至是信仰型的瑜伽探索之路。他主张,顺从自在天抵达三摩地,om 是其象征,要常常念诵这个象征、沉思其意义,顺从自在天也是克里亚瑜伽。这些与虔信瑜伽有点类似。

不过,通过顺从自在天达到的三摩地是什么境界,帕坦伽利并没有明确说。换言之，也就是，通过顺从自在天可以达到各种可能的三摩地境界。这是帕坦伽利开辟的不同于八支瑜伽形式的瑜伽。

第二十二讲
还原五苦，消除无明

    帕坦伽利说，心的波动，有的是痛苦的，有的并不痛苦。而由苦行、自我研习和顺从自在天构成的克里亚瑜伽可以减少痛苦，达到三摩地。（参见《瑜伽经》2.2）这里的所谓痛苦是什么？

    佛学强调人有八苦，即是生苦、老苦、病苦、死苦、怨憎会苦、爱别离苦、求不得苦及五取蕴苦。数论哲学谈到三类苦，即依内苦（生命体内的身心疾苦）、依外苦（因其他生命体等带来的痛苦）和依天苦（自然界各种自然现象或灾害带来的痛苦）。这一方面，帕坦伽利并没有直接沿用数论哲学的痛苦说，他说："痛苦是无明、有我、贪恋、厌弃和惧怕死亡。"（《瑜伽经》2.3）

    kleśāḥ，痛苦、烦恼、障碍的意思。痛苦、烦恼、障碍等统称为"痛苦"。

    帕坦伽利告诉我们，痛苦有五类。在这五类痛苦中，最重要的或者说最根本的痛苦是无明，或者说无知。其他的痛苦来自无明或无知（《瑜伽经》2.4）。也就是说，这个苦、那个苦，种种痛苦的源头都是无明。

我们可以解决一些具体的痛苦，但如果我们不能消除痛苦的源头，那么就如电脑中了病毒，这个文件出了问题、那个网页出了错，电脑不断弹出你不需要的框，你把它们删了、暂时解决了问题，但病毒在，这些问题还会出来，你删不光。只有通过杀毒软件把病毒彻底消杀了，你的电脑才能变得"安宁""稳定"。无明就如病毒，它让生命一直处在本末倒置的生活中。

无明或无知，这样的痛苦不是马上就能理解的。正是因为无知，因为错误的认同，才导致了种种痛苦。姓王的同学在房间里翻箱倒柜寻找他的一支笔。我说："笔不是在你的耳朵上夹着吗？"这是混乱导致的。有个故事，十个傻子过河，为了确认是否都已经安全过了河，过了河后他们开始数人头，结果他们每个人都说只有九个人。于是他们抱头痛哭，不知道到第十人到哪里了。有人经过那里，看见了这十个傻子，就对傻子们说："你们忘记计算自己！"这是忘记了自身身份导致的。

有人对自己的无知并没有什么特别的反应，这是因为出于无知的痛苦在他们那里表现的强度不同。有的痛苦潜伏起来，你根本意识不到，就如生病，之前感觉不到有什么不妥，时间长了，病了才会知道。有的痛苦并不明显让你感到痛苦，只是处于微弱痛苦的状态，长期生活在"温水煮青蛙"的状态。有的痛苦是间断性的，刚开始感到痛苦，忽然就没有了，你也就不在意了。

无明或无知究竟是什么？无明很简单，就是一种错误的认同，具体表现为"把无常、不净、苦和非我认同为常、净、乐、我"（《瑜伽经》2.5），这是一种本末倒置的认知错误，所有的痛苦皆因为这种本末倒置。世上的一切都是由地水火风空等元素构成的，它们和合而成的具体事物都是暂时的，不是永恒的。也就是，物质的变化是绝对的，不变是相对的。如果你把相对认作为是绝对，并执着其中，那么，你必定陷入痛苦，并且没完没了，永无止境。这是把无常错误地认同为常。

"不净"很容易被我们误解。"不净"不是道德判断。一般地说，这个词是在"不混淆/混合其他的实质之物"的意义上使用的。数论和数论瑜伽认为，至高的本质即原人、纯粹的自我，并不是由地水火风空诸要素和合而成的，本质上原人不会进化，也不会退化。和合的物质自然会变化，而纯粹的自我不变。卡雷拉在注释《瑜伽经》2.5经文时，提醒我们不要陷入"假神崇拜"的陷阱。人们可能神化名声、权力、金钱，然而它们都是不断变化的。如果将这些有限的目标或对象偶像化，我们就可以说，无明或无知正表现了自身。

同样，把苦认同于乐，把非我认同于我，是我们非常容易陷入其中的错误认同。我们不知道真正的乐是什么，也不知道真正的我是什么。对帕坦伽利来说，我们大部分人接受的往往是相反的东西。一旦陷入这种错误的认同，我们就必然陷入自我的迷失中。

为何会发生错误的认同？这是因为，生命有一个内在的"我"，这个我就是私我（ego），类似佛家说的"我慢"。

错误的认同如何进行？很大程度上来自这个私我的状态。有的私我属于愚昧型的，有的私我属于激情型的，有的私我属于善良型的。不同类型的私我，会带来不同类型的认同。但它们都会带来错误的认同，即，把目击者（原人）和目击对象（原质及其呈现）相认同（《瑜伽经》2.6）。

因为有了这种错误认同，特别是基于激情属性的私我，出现贪婪之心在绝大多数情况下就是大概率事件。而厌弃也一样（《瑜伽经》2.8）。贪婪就是想着欢愉，而厌弃就是逃避痛苦。它们都是痛苦。

死亡是各种生命体都恐惧的，每一个人都希望他们的生命永久活下去，至少是活得越久越好。可是，人终有一死。如果生命的延续遇到了问题，自然心生恐惧。面对死亡，智者也会陷入恐惧，也会渴望生命独自永驻（《瑜伽经》2.9）。然而，这种恐惧正是因为私我把原人错误地认同于原质，即把生命永恒的本质错误地认同于由原质和合构成的必朽的身体等所引发。身体，只是我们经验自然的载体或通道，生命的这些过往经验成为各种业力，沉睡在心的波动中，它们有些非常精微，有些则如大浪一般粗犷。

生命的无明或无知、有我、贪恋、厌弃和惧怕死亡这五苦中，无明或无知是五苦的总来源。这些苦也是我们瑜伽之路上的障碍。明白了这五苦的本性和来源，把五苦的本性"还原""溯本"，即找到它们的源头，这时，我们就有办法来消除它们了。

第二十三讲

行动产生经验或影响，并被存储起来

业的问题，在传统印度各大文化传统中无法回避。在瑜伽中，业也是一个基本的哲学范畴。由于翻译的缘故，也由于人们没有正确理解"业"的思想，"业"被误解是很自然的。帕坦伽利《瑜伽经》没有直接讨论业的理论，但他表明了业和痛苦之间的关系，并直接把业的思想纳入他对瑜伽的实践中。

业，karma，字面意思是"行动"。行动带来的结果，梵文叫karma-phala，即这种行动的结果具备力量，这就叫业力。业力引发人们升起了种种不同的感受，这就叫业报。业力和业报，很多人都觉得是"迷信"。但如果换一个翻译，把karma和karma-phala按照它们的本意译为行动、行动果，即行为本身以及由行为所引发的后果，大概我们对业的误解就会少很多。

人们一般不重视业的理论，但事实上，业的理论首先是哲学要探索的。

业的理论，尽管不能像科学真理一样来证实或证伪，但作为一个理论的提出应该没有问题。《薄伽梵歌》中的克里希那和历史中的佛陀都认为，业是一个奥秘，难以参透。斯瓦米·迪亚迦南达（Swami Tyagananda）告诉我们，基于下面三个理由，我们可以接受业的理论：

第一，我们不能否定行动产生结果。任何行动都会带来相应的结果。人们常说："种瓜得瓜，种豆得豆"，"一分辛劳，一分收获"，"善有善报，恶有恶报"。普通大众的内心还是相信业的。

第二，我们不能否定我们渴望生活的快乐和快乐的生活。作为生命，有一种内在的驱动力去追求快乐。这种对快乐的追求，包含了对痛苦的排斥，这是有内在机制的。而这种机制的形成有其自身的逻辑。

第三，我们不能否定善导致快乐，恶导致不快乐。人努力行善，会获得好的结果；行恶，会得到坏的结果。这不仅是外在的结果，也是内心的体验。

斯瓦米·迪亚迦南达认为，这三点构成了业论的本质。

业会带来各种不同的结果，其中两种最基本：快乐（sukha）和痛苦（duhkha，悲伤）。我们当然希望快乐，避免痛苦。辨喜说，所有来自感官的喜悦最终都将带来痛苦。因为感官的喜悦出于欲望的满足，而欲望没有止境。

有关业，还有一个重要的看法是，业决定我们的经验，而不是我们的行动。我们现在的快乐和痛苦是过去业（行动）的结果。过去了就是过去了，我们不能改变过去。过去的一切会以某种方式累积起来，产生力量，在未来以某种方式反作用于我们。我们不能改变过去，只能立足现在，改变现在，创造未来。也就是说，我们的每一个行动，无论好坏，无论何时，都会产生一个经验或者结果，这种经验或者结果会成为我们的心的波动或心的潜在的波动而被心"存储"起来，在适当的时候，这种存储起来的波动就会冒出海面而成为心的波浪，并因为这种波动带来或痛苦或喜乐，而影响当下的生命状态。这并不是人们普遍认为的所谓宿命论。这些行动所产生的经验或者影响，无论好坏，都会成为生命通向自由的障碍。这是瑜伽行者首先需要理解的。

我们人，在这个世上，面临不同的"命运"。有人成功，有人失败；有人短命，有人长寿；有人得到无缘的回报，有人辛苦一生，也无所获。每个人的命运是由什么决定的？有三种基本看法：

第一，幸运论。我们得到一个好的结局完全是偶然的，是出于幸运。不管是成功还是失败，不管自己长得漂亮帅气还是丑陋难看，都具有偶然性。如果幸运，一切就好；不然，就自认倒霉。人们可以努力，但不相信可以依靠自己，改变自己的命运。

第二，命定论。一切都是天意，都是被固定的，都是被安排的。即便你头上掉的一根头发都是被预定好的。由此，人们无须努力，只能接受一切，人也无法自己决定自己的命运。

第三，业的理论（业报论）。它明确告诉我们，我们是自己命运的创造者！我们现在的经验来自我们过去的行为，我们以后的经验由我们现在的行为所决定。我们可以不断塑造我们的未来。业的理论高度自律，它让我们完全生活在一个自主自信的、创造性的世界中。于此，我们可把自己的生命权带回我们自己。如果渴望美好生活，我们就需要为之努力。面对痛苦，我们也无须抱怨，而是要知道为何痛苦，以及如何克服痛苦。我们的身体，只是盛装我们过往之一切业力的"容器"。帕坦伽利瑜伽，从不抱怨业的理论，而是对行动、对业的运行有着清晰的认识。

业的理论，暗示着我们要获得自由快乐的生活，就一定要担负我们自身的责任并采取行动，也就是生命的管理。我们要管理生命，控制我们自己的生活，创造我们的未来，就要透过这种业的理论，更加理性地看待这个世界和各种人事，既不怨天尤人，也不要各种"甩锅"找借口，而要积极地创造。

佛陀说一切皆"（痛）苦"，这是在没有明白生命的本质的意义上说的。其实，帕坦伽利也这么说："对于有分辨力的人来说，确实一切都是痛苦的。"（《瑜伽经》2.15）毫无疑问，业的理论在瑜伽中是非常重要的，但对它的理解需要更加客观。业的理论让我们成熟，让我们摆脱孩子气，因为它意味着是我们自己创造命运而非其他。

第二十四讲
生命的知识，才是避免痛苦的根本之法

通过上一讲，我们了解了业的理论和业的真相。由于我们持续的行动和经验，业力形成了。"痛苦是业之根。它们都会在可见的今生或不可见的来世体验到。"（《瑜伽经》2.12）如何打破业力的束缚？"只要业的根存在，它就会成熟，导致不同的出生、寿命以及生活经验。"（《瑜伽经》2.13）

这里，涉及三个核心概念：痛苦、业（行动）和再生。我们已经谈到，帕坦伽利的主要关切是生命的自由、生命的生存性痛苦，而不是一般性的、通常的痛苦。生存性的痛苦和业（行动）的关系极其密切。事实上，痛苦、业（行动）和再生之间构成了一个闭环。痛苦导致业（karma，行动），业导致再生（janma），再生导致痛苦，痛苦导致业，业导致再生，再生导致痛苦……帕坦伽利对再生的理解是：业累积到某个状态，也就是说，业成熟时，就会导致不同的出生、寿命和生活经验。这里的"不同的出生"，是因为积累的不

同的"业"。不同的"业"成熟了，相应地也就结出不同的果（出生、寿命和生活经验）。

　　人世间，纷纷扰扰，死死生生。面对这个世界，几千年前，大卫的后裔所罗门在《圣经·传道书》里表达了他对轮回性世界的"虚无观"，他说："虚空的虚空，虚空的虚空，凡事都是虚空。人一切的劳碌，就是他在日光之下的劳碌，有什么益处呢？一代过去，一代又来，地却永远长存。日头出来，日头落下，急归所出之地。风往南刮，又向北转，不住地旋转，而且返回转行原道。江河都往海里流，海却不满；江河从何处流，仍归还何处。万事令人厌烦，人不能说尽。眼看，看不饱；耳听，听不足。已有的事后必再有，已行的事后必再行，日光之下并无新事。岂有一件事人能指着说'这是新的'？哪知，在我们以前的世代早已有了。已过的世代无人记念，将来的世代后来的人也不记念。"（《瑜伽经》1.2—11）

　　所罗门看到这世上的一切都是循环往复的，也就是轮回性的，没有什么是新的，"日光之下无新事"。但同时，他也感到在这个轮回性的世上原本没有意义，一切都是"虚空"，一切都是"捕风"。这种"虚空""捕风"感，事实上，佛陀、罗摩、帕坦伽利都已意识到。看遍世间繁华之后，佛陀明白世间一切"无意义"，他要改变这一命运。年纪轻轻的罗摩，面对世上的痛苦和无奈，看到一切虚无，他一点都高兴不起来，以至于他的父亲甘蔗王忧心忡忡，找到了他的导师瓦希斯塔（Vasistha）帮他开导，给世人带来了《至上瑜伽——瓦希斯塔瑜伽》。帕坦伽利也毫不隐晦地说："由于变化、焦虑、潜在印迹的痛苦，也由于三德运行的冲突，对于有分辨力的人来说，确实一切都是痛苦的。"（《瑜伽经》2.15）

这个世上一切都是由善良、激情和愚昧这三德不断运行而呈现出来的，这三者的结合所构成的一切，本质上，在帕坦伽利看来都是痛苦的，因为"腐败攫取着生命中的一切"。也就是，在由痛苦、业（行动）和再生这三者构成的闭环的生存性世界里，本质上一切都是痛苦的。这和佛陀所说的，一切皆苦，具有一致的认识。

然而，我们众生所理解的世界并不是痛苦的，而是有痛苦，有快乐，是混合的。这是从不同的意义上说的。佛陀、罗摩、帕坦伽利，他们关注的是一种持久的、恒定的快乐。然而，世上一切的快乐都是短暂的。他们不满意，以至于佛陀郁郁寡欢，罗摩窒息，就如陷入无底的深渊。帕坦伽利是否也有如佛陀一样的经历，我们无从了解。但是我们看到，帕坦伽利通过《瑜伽经》阐明了这世上的一切都是由善良、激情、愚昧这三德构成的，如果不能消除无明，则一切皆苦。

帕坦伽利也告诉我们，在三德的运行中，快乐和痛苦这种相对性的经验来自不同的业（行动），"快乐和痛苦的经验分别是善行和恶行的结果。"（《瑜伽经》2.14）我们众生在这个相对的、二元的世界里，经验着这二元的一切。但帕坦伽利告诉我们，尽管不能改变过去的快乐和痛苦的经验，甚至当下的经验，但我们可以在未来努力消除一切短暂性的痛苦，当然也包括短暂性的"快乐"，"还未到来的痛苦是可以避免的。"（《瑜伽经》2.16）明白了业的机制，明白了世上的一切运行之奥秘，我们也就找到了突破痛苦瓶颈的方法。

　　生命的有效管理，就是需要我们解决瓶颈问题："见者（真我、原人、普鲁沙、纯粹自我）和所见（假我、物质自然、原质）结合，是可避免的痛苦的原因。"（《瑜伽经》2.17）即知识才是避免痛苦的根本之法。帕坦伽利进一步发现，"这种'结合'的原因是无明（无知，avidyā）。"（《瑜伽经》2.24）只要把这"无明或无知"消除，我们就能打破这一错误的结合，并进一步打破我们生存性的闭环，不再让痛苦、业（行动）和再生循环下去，也就从根本上消除了痛苦，"一旦消除无明（无知），这种结合就不再发生。这就是见者（真我）的独存"。（《瑜伽经》2.25）

第二十五讲
消除无明，关键的关键是分辨

圣哲说，问题复杂，但其答案都很简单，大多数的生命问题只需要具备一点点的分辨力即可解决，尤其是生命和生活的根本问题，也就是生死问题、觉悟问题，一旦具备了分辨力，这些问题就会迎刃而解，就如我们说过的如庖丁解牛。具备了分辨力，就如学会了开车，手握方向盘，自由地驰骋在人生之路上。

分辨（Viveka），是瑜伽、吠檀多哲学中一个极其重要的概念，是古代印度文化包括佛学在内的一个关键性概念。分辨是一种能力、一种大智慧，让我们从无知（无明，avidya）走向知识（明，vidya）的关键所在。这也是古代奥义书所传达的关键。

分辨，有意识地把一个事物与另一个事物区分开来的能力。例如，你能区分两个男人，因为一个是你父亲，一个是你的小孩；你能区分素菜是否新鲜或者陈腐；你也能区分一个美女是化妆了还是没有化妆；甚至你也能区分某个人是真的爱你，还是只为了你口袋里的那些钱……

分辨首先依赖于智商。没有智商，很多事情是无法区分的。今日我们听见各种谣言，你有时难以区分真的还是假的。各种产品推广，各种养生秘诀，各种赚钱机会，太容易使人上当受骗而不得不交"智商税"。说实在的，我就交过不少这样的"智商税"。

分辨力，既有对事物本身的客观区分能力，也包含着个体选择的能力。你知道事情的真伪甚至来龙去脉，但你可能不会做出某些选择。比如，明明知道对方不对，对方是在抬杠，但你没有做出反击。有人陷入感情漩涡，却不愿意走出来。这些都是选择的能力。

为什么要有分辨力？为了避免痛苦、有害的结果而获得快乐的、有益的结果。作为生物体，我们有一种趋利避害的本能。但因为缺乏分辨力，这种趋利避害的本能难以发挥出来，或者发挥有限。在复杂处境中，就容易失去这种分辨的本能，而成为"乌合之众"中的一员。在很多时候，不是自己动脑子思考，而是从众，无原则跟从，当然结果可想而知。最简单的例子，如很多小股民，自己没有能力思考和研究，基本不懂股票为何物，缺乏分辨的能力，随大众跑进股市，很快就把自己辛苦累积起来的一点钱"撒了"。

生命中最重要的分辨，就是在我们自我和不是我们的自我之间的分辨。这种分辨本应该是我们的本能，但我们居然真的无法分辨，我们发生了错误的认同。这种错误的认同是最大的谬误。原初之时，这种谬误是如何升起的？非常神秘。事实是，我们把那些假的自我当作真的自我，我们把暂时的自我当作永恒的自我，而一旦我们发现"这种自我"是假的、不是永恒的、是必朽的，我们就呼天抢地、痛哭流涕。这就是我们把那些假的当作真的的结果。这确实是生命中最大的谬误。"谬误是基于错误的认同，并不符合事物或现象的真相。"（《瑜伽经》1.8）正因为这最大的谬误，我们的生命才会"承受"着各种痛苦。正因为此，在瑜伽里，分辨才有了特别的含义，瑜伽中的分辨并不是简单的是非善恶利弊之分辨，而是关乎生命的自由和觉醒，是终极性的分辨。

对生命中最大的谬误，我们要对症下药。这味药正是"分辨"。谬误的产生，或者出于没有理解真相，或者被遮蔽或者受投射之力所影响。本质上，帕坦伽利瑜伽首先是告诉我们自我的真相，然后告诉我们如何获得并亲证这一真相。

区分生命的真我和物质自然是关键中的关键。帕坦伽利把这种分辨视为消除无知（无明）的关键之法，这种分辨是真正的智慧。他说："摧毁无知（无明）的方法是持续不断地分辨真我（原人）和物质自然（原质）。"（《瑜伽经》2.26）我们经常讲到智慧瑜伽，在历史中，在帕坦伽利时代，我们把数论哲学视为智慧瑜伽，数论哲学主张通过区分真我（原人）和物质自然（原质），让我们达到真我（原人）和物质自然（原质）的分离。获得了这分离，我们就会明白什么是可变的，什么是不变。生命的自我永恒不变。可变的是物质自然（原质），这个物质自然表现为善良、激情和愚昧三种能量的运行，我们所能谈的对象性存在，都是基于这三种能量运行而呈现出来的形式。这些形式会因为能量的变化而变化。如果我们执着这些基于能量运行而暂时呈现的可变形式，我们就陷入执着的痛苦中，虽然在短暂的时间内并不都是痛苦的，但从整体来说，从根本上说，必定是痛苦的，正如帕坦伽利自己所说（《瑜伽经》2.15）。

　　当然，日常的分辨也很重要。日常的分辨和瑜伽的分辨也有关系，它们并不对立。一个人具有很好的日常分辨能力，同样可以帮助他获得瑜伽的分辨能力。

　　每个人都有获得分辨力、明白生命真相的权利。生命的管理不是一蹴而就，需要不断努力，才能最终具备分辨力，如学会游泳，才能在大江大河中自在畅游。

第二十六讲
破解业力，关键的关键也是分辨

　　前面已经谈过，痛苦的根源就在于我们错误的认同，也就是，生命中最大的迷幻就是我们把我们的真我（原人）和物质自然（原质）错误地认同起来。只要我们还不能把它们分离开来，我们就会一直处于生存性的轮回中。在这其中，各种心的波动，带来各种体验，有的痛苦，有的不痛苦。但帕坦伽利基于三种能量（善良、激情和愚昧）的运行及其冲突，认为那些短暂的快乐本质上也是痛苦的。所以，帕坦伽利要我们扭转乾坤，分辨真假，改变生命的生存性状态，也就是消除无知（无明）。同时，帕坦伽利也告诉我们出路在于持续不断地分辨真我（原人）和物质自然（原质）。

　　"获得这种认识（达成分辨的认识）要经历七个阶段。"（《瑜伽经》2.27）帕坦伽利并没有告诉我们这七个阶段具体的是什么，但《瑜伽经》的第一位注释者毗耶娑对此有一个合理的解释，这个七个阶段大致如下：

　　第一阶段：知道应该消除痛苦，不再有知道其他内容的需要。关键是消除痛苦。

第二阶段：知道应该消除的原因，也就是，消除真我（原人）和物质自然（原质）之间的结合／认同，不再有其他需要消除的原因。

第三阶段：通过层层推进的三摩地，证悟真我和物质自然的分离。

第四阶段：获得分辨力，不再陷入真我（原人）和物质自然（原质）的结合／认同中。

第五阶段：知道生命完成了人之为人的使命，特别是觉悟这项任务。

第六阶段：善良、激情和愚昧这三重能量不再活跃，返回到物质自然（原质），同时心意消融。

第七阶段：物质自然（原质）不再和真我（原人）结合／认同，真我成为独自的存在者。

根据毗耶娑，这七个阶段也不是一下子就能达成的，需要持续努力。尽管帕坦伽利没有详细说明如毗耶娑的七个阶段，但是他意志坚定，目标明确，知难而上，勇往直前，步步为营，精心设计，结合前人探索的成果，最终留给我们八支瑜伽，"通过修习瑜伽八支，一旦除去了所有的不净，智慧之光就分辨了真我（原人）和物质自然（原质）。"（《瑜伽经》2.28）

帕坦伽利明白地告诉我们，他提供的八支瑜伽就是消除无知，也就意味着通过八支瑜伽消除无知从而可以认识到真我和物质自然的分离。不过，要达到这个结果，有个前提，就是要消除我们身心的"不净"。

　　这个不净具体是指什么？就是指阻碍我们分离真我（原人）和物质自然（原质）的东西。就如镜子上的尘埃，拭去了尘埃，镜子就照出真影。阻碍生命的真我和物质自然分离的尘埃就是无知，而无知是因为缺乏分辨力，没有分辨力是因为我们陷入了"业（行动）—痛苦—再生"的恶性循环。对此，帕坦伽利看得明明白白。为了消除这一无知，达到分离真我（原人）和物质自然（原质）的崇高目标，修习帕坦伽利八支瑜伽的过程中人们会面临着考验。

　　从生命管理的角度看，帕坦伽利不仅给我们确立了生命的目标，也意识到千百年来人们难以消除痛苦、无法摆脱生死轮回的关卡，是因为没有找到问题。如今他为我们指出了问题所在，并找到了解决办法，因此所有问题也将不复存在。帕坦伽利提供解决这个问题的方法是"瑜伽八支：禁制、劝制、坐法、调息、制感、专注、冥想、三摩地"。（《瑜伽经》2.29）

　　数论哲学强调认知上的分辨，即在我们的认识中严格区分两个本体：真我（原人）和物质自然（原质）。通过持续不断的理性分辨，认识到我们不是物质自然，我们所见到的一切都不过是物质自然的展现。其中，最大的游戏主角是私我（ego）。这个私我非常狡猾，总是不断逃避我们的追逐，始终控制着我们生活的一切。迈克尔·兰福德（Michael Langford）在《通向永恒喜乐的直接方法》中全面地揭露了私我的诡计，如私我通过分散我们的注意力，让我们注意力向外，给我们创造不必要的活动，带领我们假装思想之旅（各种所谓的精神之旅），让我们选择信念或教条而忽视直接经验，消磨我们的时间，让我们把时间大把大把花在娱乐上等。只要我们把时间荒废在这个私我设计的套路里，无论你多努力地进行瑜伽修持，都不能达成目标，甚至你越精进，离真正的目标越远。但人们可能不愿意承认这样的事实，因为私我会辩护，认为自己所做的一切都是有意义的。

踏上真正的瑜伽之路需要极大的信心、意志力，需要和自己的私我或者我慢做持续斗争。只要还没有征服私我的张狂，再多花样的瑜伽修持都是无效的。私我，就像一个漏水的木桶，你不断往里面放水，水却不断从下面流掉，你永远也无法盛满漏水的木桶。瑜伽修持也一样。只要私我还在，它就不断狡猾地搞破坏，即便你学遍天下瑜伽功法，读遍天下瑜伽典籍，拜访天下瑜伽名师，走遍天下瑜伽圣地，也无法在瑜伽之路上达成真正的目标，而只会成为伪瑜伽士。

私我会以愚昧、激情和善良的形态不断地阻碍我们真正深入瑜伽之路。但是帕坦伽利是生命管理的高手，他说，通过瑜伽八支就可以达成瑜伽的目标。我们来看看这八支的安排：

禁制：社会生活的法则。这是让瑜伽修习有一个外在的条件。脱离这些法则，人就会失去修习的机会。这是瑜伽行者的行为底线。

劝制：个人生活的法则。这是让人真正走向瑜伽的自我净化方式。这是瑜伽行者的伦理法则。

坐法：静坐，之后被扩展为各种体位，是对我们的粗身鞘的管理。

调息：呼吸控制习练，是对我们的能量鞘的管理。

制感：感官内摄，是对我们的心意鞘的管理。

专注：稳定心，是对我们的智性鞘的管理。

冥想：深度专注，也是对我们的智性鞘的深度管理。

三摩地：冥想达到特定高度，进入不同层次的三摩地，最终达到真我（原人）和物质自然（原质）分离之圣境，达成瑜伽最终目标，是对我们的喜乐鞘的管理。

这八支，分别通过行为伦理以及对我们身体即五鞘的管理和开发，是为了获得终极的分辨力，最终消除我们的业力，分离真我和物质自然，从而达成瑜伽生命管理之目标。

第二十七讲
守好禁制这根底线，向瑜伽正行

　　我们已经反复强调，帕坦伽利的瑜伽要到达的目标是三摩地，三摩地是生命管理的真正顶峰。这一目标基于善良的德性。我们也讲过，这个世上有三种能量共同运作、运行，它们就是善良（萨埵）能量、激情（罗阇）能量和愚昧（答磨）能量。这三种能量的运行本身遵循着一些基本的法则，类似于中国的阴阳学说。帕坦伽利瑜伽一个基本的工作就是要把我们引向善良之德性，让我们处在善良的能量支配之下。

　　为了让生命运作在善良的能量下，帕坦伽利采取了瑜伽八支。瑜伽八支提供了两套伦理规则来管理人的生命。第一支是禁制（yamāḥ），属于社会伦理规则，是瑜伽行者的行为底线。第二支是劝制，是瑜伽行者个人的伦理规则。这一讲主要讲讲禁制。

　　帕坦伽利说："禁制就是不杀生、不说谎、不偷盗、不纵欲、不贪婪。"（《瑜伽经》2.30）从这里看出，这些社会伦理规则是从一个角度，即排斥、拒绝、否定、不允许的角度谈的，也就是这些都是底线，而底线是不能破的。

这些禁制的内容是普遍的，不受种姓（身份／社会地位）、地点、时间和环境的限制。（参见《瑜伽经》2.31）不过，毗耶娑对它的解释具有特定的条件。当然，字面的、无条件的接受是不现实的。我们对禁制的具体规则需要考虑历史的条件，也要考虑当下的条件，需要有一种情境意识。

不杀生（ahiṁsā），也可以翻译成非暴力、不害。帕坦伽利把不杀生视为最重要的禁制内容。不过，我们知道，字面意义上的不杀生，如果去坚持，人就无法活着。我们喝水、吃水果、吃蔬菜都是会杀生的，很多微小的虫子可能就在我们的水里、水果中、素菜中。很多时候我们根本不知道自己杀了生。关于这一点，佛陀早已经提醒了我们。这里我们不和绝对的素食主义者争论。

不杀生这一规则，首先是针对同一类生命的，即人类。如果不能在人与人之间保持非暴力、不杀生，谈论对人类之外对象的不杀生、非暴力，就是伪善。遗憾的是，今时今日，在一些观念论和某些利益的支配下，人与人之间、族群之间、国家之间还存在着种种冲突、暴力、杀生。这些冲突、暴力、杀生，在现代技术背景下，显得更加恐怖。我们需要在新时代反思和实践可行的非暴力。

其次，在人与人之间保持非暴力、不杀生的前提下，可以扩展到人类之外的对象，而不是倒置。有些人可能忽视了这一非暴力、不杀生的秩序。为了一只猫、一条狗的生存，人与人之间发生暴力。

再次，不杀生、非暴力，不仅仅发生在身体（肉体）

层。瑜伽哲学认为，暴力或杀生可以发生在身体层面、语言层面、精神层面这三个身心灵的层面。对一个人的伤害，在身体层面，很容易理解，但我们同样要重视语言对人造成的伤害。语言是一把利剑，会伤人心，会杀人于无形。管好嘴巴，意味着管好人生。语言直接涉及心意。瑜伽要让我们说合适话、悦耳话、有用的话。不要让语言成为暴力的工具。

人与人之间的关系关乎最内在的生命，人与之间的爱直接影响喜乐鞘（在瑜伽中称为因果身）。处理人与人的关系，就是处理灵魂与灵魂的关系。当你明白了关系对灵魂的重要性的时候，就会明白和能量频道一致的人、高于你的能量频道的人一起相处的意义。爱惜已有的美好关系，别把时间浪费在那些注定无法与之处理好关系的人身上。不能处理好关系，就不能处理好灵魂，别折腾自己，也别折腾他人。这是一种灵性层的非暴力。

理解了非暴力、不杀生之规则，也就容易理解第二个规则不说谎。不说谎，梵文是satya，也可以翻译为"真实"。人能够对自己真实，是非常不容易的。我们容易自我欺骗，自己对自己不真实，自己对自己说谎。要做到真实，不说谎，首先要做到不做伪善者。要做到这一点其实是非常困难的。我们不断自我检讨，努力让自己做一个真实的人，做一个对自己真实的人，最基本的就是不说谎。

第三个规则是处理与他人之物的关系。真实之人，不应觊觎他人拥有之物。每个人有他自己的财富。真实之人，是回到自我的人。这样的人，总有财富接近他。如何理解财富？在吠陀文化中，财富的含义很多。据说有一位女神叫拉卡什米（Lakṣmī，吉祥天女），她代表了八大财富，包括初始财富、金钱财富、粮食财富、勇气财富、权力和声望财富、子女财富、富裕和捐赠财富、胜利财富。吠陀的财富观，比今日人们的理解要宽泛得多。你拥有哪些财富呢？

第四个规则则是如何处理自己的欲望。欲望的核心就是性能量，原来的梵文是brahmacarya，有时翻译成"禁欲"，甚至是禁制性欲，但更合理的理解是控制和保守自己的能量。译成不纵欲是合理的，而译成禁欲，并不很妥当。人的欲望，包括性欲，需要疏导和提升，而不是单纯地"禁"了就能了事。特别是性欲，如果一味采取"禁"的方式，这对身体的健康、关系的处理，可能都是不利的。对于灵性的成长，也有弊端。瑜伽行者不能成为这种欲望的奴隶，不能受欲望折腾，而应该自主管控好欲望。

第五个规则是不贪婪。这里的不贪婪主要指占有财物和接受礼物。不贪婪也是一种对心的训练和把控。人一旦出现了贪心，他的瑜伽修习就会出现偏差，就会迷失。帕坦伽利对这一规则有很高的觉知，"当一个人不再贪婪时，他就会完全明白如何出生以及为何会出生。"（《瑜伽经》2.39）这节经文看起来很不好理解，其实很简单：当我们做到了不贪婪，就可以明白因为贪婪而留下的潜在印迹导致最终的痛苦和生死轮回，就会明白前世的出生是因为贪婪，也就会知道未来的结局是业力被打破，达成真我（原人）和物质自然（原质）的分离，实现生命的终极管理。这就是不贪婪的最大意义！

我们要走上瑜伽之路，就需要把生命调整到善良之德，就首先需要从社会伦理开始自我规范。禁制是一套生命管理的社会规范，是我们踏上瑜伽之正行的底线。帕坦伽利具有强烈的社会意识，而这样的社会意识，目的还是实现生命的终级管理。

第二十八讲
在诸劝制中，满足是最美的

禁制的设立，就如保护一棵小树苗竖起来的小篱笆，树苗还小，小篱笆可以避免其他动物来破坏，以免被牛羊吃掉。可以说，禁制最大限度地保障着瑜伽行者的外在环境。在一个动荡、尔虞我诈或者贪婪成性的环境中，禁制被践踏了，瑜伽人如何可能安心瑜伽呢？但在相对安全的社会环境中，在人与人之间的关系相对稳定的环境中，瑜伽人持守禁制，对其瑜伽修习非常重要。

除了禁制这一底线性的社会伦理外，帕坦伽利还提出了个体性的伦理，这就是劝制（niyamāḥ），"劝制就是纯净、满足、苦行、自我研习、顺从自在天。"（《瑜伽经》2.32）

现在，我们把关注的焦点从大的社会环境转向个体之人。瑜伽修习不是整体性的社会行为，而是具体的个人的行为。因为最终，生命的问题还是一个一个的具体之人。一个人是否合适学习瑜伽？需要具备什么条件吗？或者，需要遵守什么样的道德规则？帕坦伽利认为瑜伽行者需要遵循纯净、满足、苦行、自我研习、顺从自在天等这些劝制。

劝制的主要内容有五点，即纯净、满足、苦行、自我研习和顺从自在天。我们前面已经谈过苦行、自我研习和顺从自在天。需要说明的是，在《瑜伽经》第2章第1节谈到了苦行、自我研习和顺从自在天，为何这里又谈这三点呢？苦行、自我研习和顺从自在天构成的克里亚瑜伽非常深刻。这里的重复，有人认为是在不同意义上说的，是对普通修习者来说的，普通修习者，只需要表面上遵从这三点。

但是，我们需要注意一个新视角，即瑜伽八支和瑜伽目标之间的关系。一般情况下，瑜伽八支是有序推进的，禁制和劝制首先是瑜伽行者需要遵循的社会和个人的伦理，再逐渐练习体位（坐姿）、调息、制感、专注、冥想，最后才是三摩地。然而，这也不是绝对的。帕坦伽利也不是这么理解的。帕坦伽利本人就说，通过劝制的第五条即顺从自在天（特别的原人），可以达到三摩地。我们可以进一步提出，瑜伽的目标是圆心，八支中的七支可以被理解为圆周上的不同位置，圆周上任何一点到圆心的距离都是一样的。只要你真正启动了某个"点"，你就可能通往三摩地。但在一般情况下，帕坦伽利瑜伽是基于八支的。

鉴于我们已经讨论过苦行、自我研习和顺从自在天，这里主要谈谈纯净和满足。

纯净（śauca），在瑜伽修习中非常重要。思想家韦斯利（John Wesley）说："纯净确实靠近神性。"对于纯净，可以从三个维度来思考：身体、心理和精神。

身体的纯净：良好的生活习惯、干净的饮食、身体健康、良好的免疫力、良好的形象。

心理的纯净：良好的心态、培养德性。

精神的纯净：明白自己是谁、良好的关系（人与人、人与社会、人与自然、人与自我）。

一个人，生活习惯良好，不暴饮暴食，一日三餐，食物干净，按时休息，那么他的能量摄入就不会有什么问题。要保证自己有足够的运动，保持自己的体力和精力，稳定自己的免疫力。这能让我们感受到身体的纯净。从阿育吠陀瑜伽的角度看，纯净的身体需要依据个人身体的体质来合理安排饮食、瑜伽体位、调息等，对风型体质、火型体质和水型体质这三种不同的体质，生活方式、饮食、体位、调息都需要差异化处理。风型体质的人，主导元素是风和空，缺乏水、火和土，这样的人怕冷，手脚容易冰凉，关节不佳，肠胃不佳，容易失眠，容易便秘等。这样的人如何纯净呢？保暖是第一要务，不要吃冰冷食物，不要吃难以消化的食物，也不要吃太多的绿叶蔬菜，而应该多吃根茎类的食物。瑜伽的体位练习不能太快、太猛，也不能持续时间太久。而休息术的时间相对要长一些。调息上，不适合做过多的风箱式呼吸和圣光呼吸，适合做左右脉经络调息。这是基于阿育吠陀瑜伽的生命纯净管理。

心理的纯净体现在多个方面，特别是心态。如果你乐观，世界会展示更美好的一面；如果你悲观、抑郁，世界就展示为更消极的一面。心理的纯净最重要的是要主动培养良好的品德。帕坦伽利在《瑜伽经》第1章提出了一些基本的德性培养思想。他说，心的平静，通过德性培养就可达到。

心的平静也带来心理的纯净。基本上，基于善良德性的人心理都是纯净的，基于激情德性的人心理非常扰动，很难真正纯净，而基于愚昧德性的人心理是不可能纯净的。正因为这样，帕坦伽利要我们把德性从愚昧带向激情，从激情带向善良。

精神的纯净，在于明白生命究竟是什么、自己究竟是谁。人只有真正明白了生命是什么，才会明白自己究竟是谁，才能真正让自己的精神纯净，才能由内而外地变得纯净。如果自己对自己毫无觉知，不知道自己是谁，那么他定会迷失自我，所谓的纯净都只能是表面的，无法发出纯净的光芒。而我们是纯粹的自我，不朽的原人。一旦我们觉知到生命的这一真实身份，精神就会变得纯净，发出熠熠光芒。

身体、心理和精神这三层纯净，以至最终达成觉悟自我，"因为身体纯净，带来思想纯净，心灵纯净，心生欢喜，心注一处，控制感官，得以觉悟自我。"（《瑜伽经》2.41）

接下来是满足。内心满足的人是喜乐的，这种喜乐发自内心。满足，就不会有暴力倾向，就不会偷盗，不会欲望膨胀，就不会有贪婪之心。内心满足的人，能够轻易地持守禁制的规范。不管面对快乐还是沮丧的事情，内心都会升起感恩之心，感恩自己所拥有的，这是满足的心态。有一个广为流传的故事，一位93岁的老人生病住院，病情好转之后被告知，他需要支付一天的呼吸机使用费。老人哭了。医生劝他，不要因为账单而哭泣。但老人说："我不是因为要付钱而哭泣。我已经呼吸了上天的空气93年了，但却从没有付过一分钱。在医院使用一天呼吸机要支付3000元。那么你们知道，我欠了上天多少钱吗？我之前并没有为此感谢过。"你看，这就是一种心的满足。

劝制是瑜伽行者走向瑜伽的真正开始，它让我们拥有一种很好的德性来承载我们的瑜伽之路。真正走向瑜伽之路的人，劝制是必须的，不可或缺的。有人认为修习瑜伽只是体位练习，那是对瑜伽最大的误解和滥用。

第二十九讲
不要本本主义，不要主观主义，
走中庸之道

我们已经讨论了帕坦伽利《瑜伽经》瑜伽八支中的前两支。在进一步深入讨论之前，我们暂时停下来谈一下几个关系密切的问题。

第一，我们应该以什么样的态度来对待社会和个体的伦理规则（简称规则）。

第二，当下瑜伽界对待禁制和劝制的若干种态度。

第三，瑜伽修习中，如何对待经典、传承中以及导师提供的"规则"。

帕坦伽利也是一位伦理学家。他全部工作的核心就是把生命塑造成一个社会良人。社会良人就是遵循完美的社会伦理规则和个人伦理规则。人们对这些伦理规则并不是自觉自主的，而是需要不断努力甚至训练的。尽管帕坦伽利解决的是生死问题、生命觉醒问题，是生命臻达圆满的问题，但觉悟的生命首先应该是一位社会良人，瑜伽八支中的坐姿（体位）、调息、制感、专注、冥想和三摩地等等，首先是服务于完美良人的训练。

当然，我们并不把遵循社会和个人的伦理规则视为对人的最终要求。因为，在修习瑜伽的途中，我们需要具备相应的条件。具备良好的道德水准是瑜伽行者最终能达成瑜伽目标的条件。如果不能遵循社会和个人的伦理规则，我们就难以真正深入瑜伽内部。遵循社会和个人伦理规则是瑜伽道路的基础。我们可以看看三种常见伦理的态度。

第一，律法主义伦理观。坚持人在某个境遇中无条件地、教条地遵循规则，不允许变通。这种伦理观，使人被局限在条条框框中，生机活力不够，人也可能变得伪善。

第二，反律法主义伦理观。坚持人在某个境遇中无须任何规则，只需要按照当时的境遇找到处理问题的方法。这种伦理观，足够灵活，但容易使人失去原则，失去底线。

第三，境遇主义伦理观。它介于律法主义和反律法主义之间。遵循道德目标（如爱），但具体形式可以基于境遇本身做出改变和调整。

那么，我们应该如何遵守就帕坦伽利瑜伽八支的前两支呢？

根据律法主义伦理观，我们需要表面上坚持禁制和劝制。至于内心是否达到了那个伦理的境界或状态，并不重要。它的特点是规则、固执、呆板。当然，对于我们很多人或许首先需要经历这个过程。在持守禁制和劝制的过程中，起码需要形式上的坚持。然而，处境不断改变，我们是否真的能满足于形式上的持守？显然不容易。我们可能会走向对立面，放弃律法主义方式，也就是放弃形式上的持守，而根据处境直接做出选择和调整。就如一个孩子，小时候完全按照父母的要求行事，不敢越雷池一步。但随着年龄增长，到了叛逆期，小孩很容易就会违背父母的规矩，而走向父母的对立面。从伦理上说，遵循父母规矩的阶段是律法主义的，违背父母的要求全然依据自己的判断和选择行事，则是反律法主义的。随着时间推移，孩子意识到自己的行事方式并不好，父母的要求也并非都不对，孩子感受到了父母的爱，认识到坚持一些形式是必要的，坚守自己内心的选择也是必要的，于是，他会在律法主义和反律法主义之间达成某种平衡。这就是境遇主义伦理观的处理方式。

具体来说，我们遵循帕坦伽利所要求的禁制和劝制，要努力在形式上坚守，但一直遵循规矩并不会真的达到三摩地；若内心发生怀疑和否定，在某种心境中，在某种处境下，会违背形式上的持守。而按照自己的心愿做出选择，可能会在形式上违背禁制和劝制。要学会利用境遇主义伦理观，在这两端之间找到平衡。

这个道理有点难懂。我们以不杀生、非暴力为例来说明。依据律法主义伦理学规则，遵循不杀生、非暴力，就要断绝一切形式的杀生、暴力，不能吃动物肉很好理解，不能打死昆虫、不能拍死蚊子，也是需要持守的，甚至要过滤水中的微生物也是需要的。走路时不能踩死小虫子，也同样体现了不杀生。但是，一个人一直这样生活是很累的、也很难。经过一段时间后，他很可能就走向了对立面，不再如此在形式上坚持，而是在心中不生杀念。具体是否有杀生、是否有暴力就管不了那么多了。喝水，难道真因为过滤了就没有喝下微生物了？吃素，只吃蔬菜就不是杀生了？走路小心，就不会踩死小昆虫了？在特殊情况下，不吃动物肉可能就会丢了性命，难道还是不接受食肉？在一系列困惑和不解中，在面对"科学"的质疑中，原来的律法主义规则事实上是很容易被打破的。

于是，在这两者之间出现一种中庸立场，更合理、更可接受的立场，这就是境遇伦理。它不是不尊重律法主义伦理，也不是不尊重反律法主义伦理，而是既吸收律法主义伦理合理的一面，也吸收反律法主义伦理合理的一面，而不走两端。

在瑜伽修习传统中，如何对待瑜伽经典？如《薄伽梵歌》《瑜伽经》《哈达瑜伽之光》等。又如何对待传承以及自己的导师提供的"规则"？事实上，同样也有三种立场。第一种就是律法主义的，形式地接受经典，形式地接受传承和导师提供的"规则"，不能更改，不能偏离。第二种就是根据自己的心意自由处理，甚至曲解经典，放弃传承和导师的"规则"，内心根本不认同。第三种是境遇伦理的态度，基于具体的境遇，进行变通，在两者之间达成平衡。我们尊重经典，接受经典的伟大教导，同时，也充分考虑现实和处境，不本本主义，不教条主义，在继承和认可中根据情境进行变通，在变通中持守经典和遵循导师的教导。

用一句话来总结，在瑜伽的修习中，不做"规则"的奴隶，而是做"规则"的主人，避免在瑜伽修习中走向律法主义、本本主义，也要避免主观主义，要实事求是，根据境遇做出合理的判断和行动。对于帕坦伽利的禁制和劝制的每一条规则都应该如此对待。

第三十讲

练体位要和鱼帝等尊者联结，坐法必须安稳

这一讲来到了我们大家都特别喜欢的体位一支。

体位，其实，《瑜伽经》中的用词只是坐法（āsana），或者坐姿。帕坦伽利的指导是"坐法必须安稳自如"。（《瑜伽经》2.46）

在《瑜伽经》中，āsana的本意就是坐法，还没有后来各种复杂的体位的意思。在《瑜伽经》时代，āsana有两个基本的意思："坐"和"座位"。"坐"，意味着"坐直、坐正、坐舒适"。一直到了哈达瑜伽中，āsana才越出了《瑜伽经》中āsana的意思，āsana从坐姿、坐舒服延伸到了身体的各种体位、体式或姿势。在《哈达瑜伽之光》中，āsana就不只是坐法或坐姿，而是体位或体式。这是āsana的演变，在这一演变中，我们可以看出瑜伽本身的演变。

为了和我们在大部分情况下的用词一致，现在，我们统一用"体位"一词。

我们每个人都会运动，都会不同方式的运动。但大部分

的运动，并不是瑜伽中的体位。

第一，瑜伽体位是一种不同于其他运动的形式。我们不会把乒乓球、篮球、爬山、游泳、普拉提、舞蹈、踢足球等运动视为瑜伽体位。据说，瑜伽体位的种类有840万种。《哈达瑜伽之光》确定了84种典型的、重要的体位，有的版本的《哈达瑜伽之光》手稿中有108种体位。在瑜伽里，我们可以看到各种各样的体位，前屈、后弯、倒立、侧弯、扭转，等等。《哈达瑜伽之光》呈现了15个经典的体位：吉祥坐、牛面式、英雄坐、龟式、公鸡式、仰龟式、弓式、扭转式、背部伸展式、孔雀式、摊尸式、至善坐、莲花坐、狮子坐、蝴蝶坐（牧牛式）。这些体位，都是我们瑜伽行者所喜爱的。随着时代的发展，这些体位也在不断地发展并得以丰富。

第二，瑜伽体位的背后都是有传说的或者是"有故事的"。总体上，瑜伽的体位都是模仿自然中的动物或者植物，有些体位则与神话有关。"瑜伽文库"中有一本小书叫《体式神话——瑜伽传统故事精粹》。在这本小书中，作者讲述了30个瑜伽体位背后的故事，十分精彩。鱼式与鱼王式，就是一个有关哈达瑜伽之起源的故事。据说，瑜伽的始祖希瓦大神在冈仁波齐山苦行，冥想了无数年之后，他下了山。下山后，希瓦就给他的妻子帕尔瓦蒂（雪山神女）女神讲述冥想中发现的奇妙事。在深度冥想中，希瓦大神发现了打开宇宙的密钥。希瓦滔滔不绝，讲得头头是道，但他的妻子却忙着做饭。据说，帕拉瓦蒂女神早知道瑜伽，只是敷衍听他讲故事。但是就在希瓦大神滔滔不绝讲述瑜伽神奇之事时，附近的河里有一条鱼却在聚精会神地聆听希瓦的教导。

在认真聆听的过程中，这条鱼获得了有关瑜伽的技巧。希瓦讲完了，这条鱼也觉悟了。这样，希瓦成了第一位讲解瑜伽的导师，那条鱼成了第一位瑜伽弟子。这条鱼觉悟后，就来到大地上帮助人类。他来到人间，一半是鱼，一半是人，被人们称为鱼王、鱼帝。由于这位鱼帝尊者的智慧传承，才有了伟大的哈达瑜伽经典《哈达瑜伽之光》。在鱼王式中，直立的躯干代表半人圣哲鱼帝，折叠的双腿是鱼尾。我们在做这个鱼王式的时候，除了身体获益之外，我们还应该与直接或间接地影响了我们瑜伽的鱼帝尊者进行联结，在这联结中体悟瑜伽的真谛，才是做瑜伽体位最大的益处。

第三，瑜伽体位是为了下一步即调息服务的，同样也是为了后面的制感、专注、冥想服务的。瑜伽体位，不是为了体位而体位，而是服务于更高的目标，最终的三摩地。体位的目的，是为了我们更好地坐、更舒服地坐。而更好地坐、更舒服地坐，目的是为了制感、专注、冥想。身体是三摩地的通道。身体的锻炼，只是瑜伽的一个环节，因为帕坦伽利已经告诉我们，瑜伽是约束心的波动。体位只有朝内，服务于约束心的波动，才能收获瑜伽的意义。

第四，瑜伽体位也是一种苦行。身体伸展、拉伸、弯曲等等，使身体发热（苦行），能量流动，而净化身心。作为苦行的一种，瑜伽体位可分为愚昧性的瑜伽体位修习、激情性的瑜伽体位修习、善良性的瑜伽体位修习。基于个人觉知的程度高低，我们可以做这样的区分：愚昧的人做体位是基于愚昧的动机，激情的人做体位是基于激情的动机，善良的人做瑜伽是基于善良的动机。这样说，有点怪，但你细细考察、仔细思考就会发现，不同人对待体位的态度和方式确实不一样。一般地说，愚昧性瑜伽体位的修习，难以收获好结果。

第五，基于身体体质差异选择合适的瑜伽体位是一种中庸、合道的体位法。如果体位习练充满了暴力——比如，强度超出了身体的极限，练习的时间过长，不仅对身体这座"圣殿"没有好处，更会影响心意的稳定和习性的塑造。不同流派的瑜伽有其自身的"基因"传承，一些"基因"可能并不合适你我。如果你是典型的风型（vāta，瓦塔）体质，你的体质基因缺乏火、土和水元素，身体僵硬、怕冷、骨头容易受伤，那么，在体位时，你就要温和、缓慢、平衡、适度、暖和。不少哈达瑜伽系统中的习练模式和体位并不合适瓦塔体质之人选择练习。所以，我们还是需要深入了解，否则练习时间越长伤害就越大。尤其是瑜伽体位教练，更需要对学员的体质有了解，以便向他们提供科学的指导。阿育吠陀瑜伽就特别关注人的体质，为我们基于自己的体质提供系统而全面的体位修习的方案。瞎练是不行的。一味追求高难度、大强度、长时间的习练，会对身心带来很多弊端和危害。要从练得多走向练得对。

第六，体位习练对于塑形和矫正形体有比较好的效果。体位习练可以强健我们的身体，尤其是对于我们的消化有着直接影响。如，后背和胸部很紧，会弱化胃火；背部中间和腹部中间太紧，会弱化小肠中的胃火，导致食物吸收障碍；背部下方和腹部紧张或疲弱，会限制或弱化结肠功能，容易导致气胀，干扰消化，引发便秘、腹泻，等等。通过合适的体位习练，可以逐步解决这些问题。

　　帕坦伽利强调，坐法必须安稳。哈达瑜伽引入的诸多体位，主要还是服务于帕坦伽利瑜伽的。通过体位，可以使得身体这座"圣殿"健康、强壮、快乐、安稳，最终使得身体成为我们的生命在人生的大海上颠簸航行的最伟大助手。

　　那么，什么才是坐法安稳？借用大瑜伽士辨喜尊者的话说，坐法安稳时，你就应该感觉不到身体的存在。同样，正确的体位也是如此。因为，安稳的坐法和安稳的体位，目的都是为了专注、为了冥想。当身体不稳、受到扰动时，三德的能量也会受到扰动，能量扰动，专注就难以进行下去。这是坐法安稳的真正目的。

第三十一讲
冥想无形无限者，破解心的二元性羁绊

　　坐法如何安稳呢？看起来很简单，帕坦伽利告诉我们，"放松身体，冥想无限者，坐法便安稳自如。"（《瑜伽经》2.47）我们来讲一讲这节经文中的三个要点：放松身体，冥想无限者，坐法便安稳自如。

　　首先是放松身体。身体放松何以可能？瑜伽哲学和阿育吠陀告诉我们，身体涉及粗身、能量、心意、智性和喜乐维度。换言之，放松身体，意味着我们需要让粗身鞘、能量鞘、心意鞘、智性鞘、喜乐鞘都得到放松，这样才是真正的放松。

　　粗身鞘涉及五大元素的构成，涉及众多的器官、组织和系统。要让这个粗身鞘放松下来，意味着减少粗身鞘自身的活跃度。由于身体本身是一个高度自律的系统，更多的时候，并不需要我们去干预，只要你放松、再放松，这个身体就会自己运行，不去人为地干扰，身体运行就会更加健康。就如自然界，不去人为干预，自然会自我修复。身体也一

样。上天为我们提供了一个精微的生命系统，只要尊重和顺从身体的自然之道，它就会运行良好。

粗身鞘的正常运行依靠能量鞘。我们每时每刻都发生着能量的转化和交流。能量有强弱，能量有高低。对于能量系统，我们不应破坏它的自然运行机制。相反，需要顺其运行。当我们对能量持有"无为"的态度时，能量运行就最自然。然而，在今日时代，人们普遍打乱了这一自然的能量系统。这主要表现在：生物钟紊乱——白天和黑夜的节奏被普遍打乱；食物的构成出现诸多问题，例如食品大量的都是非活力食品；空气污染、水污染；巨大的生活压力和复杂的人际关系等。这些因素导致了我们的能量鞘遇到很多问题，对身心安稳带来隐患。但要让能量鞘放松下来，是一件困难的事情。

放松身体，也包含了放松我们的心意鞘。对瑜伽人来说，放松心意鞘尤其重要。人们难以静心，难以坐稳，心猿意马，难以平息。各种心理学，也都在研究人心，如何处理好心的问题。帕坦伽利说要约束心的波动，因为心不断创造着世界，心不断投射出世界。身体的和谐和稳定，取决于心的和谐和稳定。我的世界和谐稳定，则意味着我的心和谐稳定；我们的世界和谐稳定，取决于我们的心和谐稳定。有一个世界论坛的广告词是这样的：和谐世界，从心开始。

放松身体，也包含着放松我们的智性鞘和喜乐鞘。人的理智的运行，不能太紧张，要有张有弛。可是，现代教育和现代的生活方式，很多时候违背人的身心健康。智性的运行变得不再独立，而依附于外在的机构、项目、组织和目标。同样，对喜乐的追求，也常常陷入各种问题之中，大部分的喜乐简单地退化成了感官的刺激。

　　身体放松了，就可以冥想了。这里帕坦伽利说的是冥想无限者。这个无限者，原文是ananta。帕坦伽利没有明确说，这个无限者是怎么样的。有人认为，这个ananta就是蛇神，但严肃的学者并不认同。无论是什么，无限者，因为无限，我们对之就难以想象。这时，我们可以借助某个至高的对象来理解无限者，如《瑜伽经》中的自在天（特定的原人、纯粹自我、真我）。一个相对有形象的对象有助于我们开始冥想，我们需要在心里投射一个有形有限的对象，这个对象就如北斗星，照耀我们、引导我们不至偏离方向而迷失，然后通过这个有形有限的对象，再深入觉知无形无限的无限者。当然，如果你实在无法想象那位有形有限的自在天，也无法想象无形无限的无限者，那么，你也可以冥想无穷的大海或者无尽的天空。如此，你的做法就会安稳自如。坐得安稳自如了，"就不再受感官经验二元性的困扰。"（《瑜伽经》2.48）

　　一旦稳坐自如，我们就会内在安稳、平衡和宁静，就会摆脱心意的二元性困扰。好与坏、苦与乐、是与非、冷与热、成与败、有与无，以及所有的对反的经验，都是二元性的经验。正是这些二元性的经验，引得我们的心意鞘波动，导致我们的智性鞘不断地判断和分辨，从而引发或快乐或痛苦的经验和行动（业），以致无穷。冥想无限者，因为他是无形的无限的，就破解了心的二元的限制和羁绊。这时，才算我们掌握了坐法。而一旦达成这样的境地，我们才可以接下去进入调息或者说呼吸控制法。

第三十二讲
驾驭呼吸，稳妥自主地掌控我们的生命力

稳稳地掌握了坐法，我们就可以进入调息之道了。帕坦伽利说："掌握坐法后，通过呼气吸气进行停顿习练，这就是调息。"（《瑜伽经》2.49）总体上说，调息就是自主地掌控我们的生命力。

普拉那，梵文叫prāṇa，也可以译成"生命力""生命气"。这个能量类似于我们中国道家的"炁"（qi）。普拉那，生命的支撑，一旦普拉那离开了身体，心脏停止跳动，呼吸停止，瞳孔放大，身体也就死了。

普拉那是遍布宇宙的能量，是维系宇宙的动力。在我们人这里，普拉那首先表现为简单的呼气和吸气，但普拉那不只是呼吸。神话中说，神给他造的人吹了口气，人就有了生命。没有这个"炁"，人就什么也不是。"只要身体还有呼吸，就还有生命。死亡不过是呼吸离开了身体。因此，呼吸应该得到控制。"（《哈达瑜伽之光》2.3）普拉那能量，在宇宙层面，我们称之为宇宙普拉那，或者普拉那—瓦予；在

个体生命的层面，我们可以直接称之为"普拉那"或"生命力"或"生命气"。

生命的管理，关键的关键就是普拉那。在生命的个体层面，普拉那非常特别。我们除了从父母那里获得最初的普拉那外，在我们的一生中需要不断地从外界获得普拉那的能量来补充我们的生命力。普拉那最基本的来源是食物、阳光、空气、水。在这些来源中，空气中所包含的普拉那和生命的关系异常密切。从空气中获得普拉那能量最基本的方式就是呼吸。因此，帕坦伽利瑜伽八支的第四支调息（prāṇāyāma）也就被译成呼吸控制法。

现在，我们就可以谈论呼吸和生命管理的关系了。根据瑜伽哲学，呼吸涉及我们的能量鞘。能量鞘介于粗身鞘和心意鞘之间。也即是，呼吸可以直接影响我们的粗身鞘，同时也可以直接影响我们的心意鞘。

我们来看看呼吸和我们的粗身鞘之间的健康关系。根据传统和科学的研究，呼吸系统疾病是生命健康的头号杀手。通常认为，生命的健康杀手是癌症、糖尿病、心脏病，但事实上，呼吸系统的疾病才是第一号杀手，并且这个问题还在恶化。在当今的城市里，人类的活动空间狭小，汽车尾气、各种生活垃圾、室内环境和材料等问题，工业发展，化学药物的大规模使用，各种潜在的辐射，风沙，雾霾，等等，使得全球空气质量下降。这些外在的环境，直接影响着我们的呼吸。我们通过呼吸获得维持生命的普拉那能量时，背后始终发生着一场巨大的环境"争斗"。当我们的免疫力比较强盛时，我们可以顺利地获取普拉那能量，而保持健康。如果免疫力不够强大，或外在的环境过于恶劣，超出了我们的免疫承受力，那么因为呼吸，身体问题就会出现，甚至生病死亡。

瑜伽修习，就是瑜伽行者直接和普拉那交手。

首先，要对习练的环境有个正确的认识。有的瑜伽场所人群集中，空气污浊，流通循环不佳，室内污染严重，在这样的地方习练瑜伽非常不恰当。在这样的场所练习瑜伽，有可能导致瑜伽白练，给身体带来伤害。

其次，调息或呼吸控制直接影响着心意的稳定。斯瓦特玛拉摩（Svatmarama）尊者说："呼吸不稳，则心意不稳；呼吸稳定，则心意稳定。因此，瑜伽练习者要获得不动的心意，就应该要控制住呼吸。"（《哈达瑜伽之光》2.2）萨海（G. S. Sahay）教授也说过，反过来，心意的状况也对呼吸有着直接和即时的影响。心意和呼吸之间存在着紧密的联系。如果观察我们在生气时的呼吸，就能理解这一点。生气，一种心理状况，会立刻影响呼吸的正常流动。但如果生气时进行深呼吸，你会发现你很快就会平静下来而不再生气。

或许大家已经注意到了，直接掌控我们的心意并不容易，心意这匹野马难以驾驭。但是，因为我们的呼吸对心意有着直接的影响，因此我们可以通过掌控我们的呼吸，从而间接地控制我们的心意。意识到这一重点，就明白了调息对于瑜伽目标实现的重要性。

第三十三讲
呼吸稳定，心就稳定

我们已经讨论了普拉那能量对生命的重要性，也明白了呼吸对于心意稳定的重要性。现在，我们需要寻找适合我们自己的呼吸法了。

我们可能已经注意到，在洁净的环境里，我们更喜欢做腹式深呼吸；在较差的空气条件下，呼吸就会浅一些，我们会不自觉地作胸式呼吸；如果空气再差一些，我们的身体会本能地把呼吸变浅，或许就成了喉式呼吸。这是生命体的本能反应。在这方面，我自己也深有体会，如，在有人抽烟的房间里，我的呼吸就会变得很浅，本能地拒绝腹式呼吸。

现在，我们看看帕坦伽利是如何具体讲述呼吸控制法的。他说："呼吸的停顿可以在外，或在内，或完全停止不动。可以根据地点、时间和呼吸的次数加以调节，所以停顿可长可短。"（《瑜伽经》2.50）"第四种调息是由专注于外部或内部对象而引起的呼吸停顿。"（《瑜伽经》2.51）

这里，帕坦伽利给我们提供了四种基本的呼吸控制法：

第一，停顿在外的呼吸控制法；

第二，停顿在内的呼吸控制法；

第三，（有意识地）停止呼吸；

第四，无意识地发生呼吸停止。

现实中，我们一般不会遇到或注意到第四种调息（呼吸控制法）。此外，除了有的瑜伽士可以做到让自己的呼吸停止（一定的时间）外，一般人难以实践之（第三种呼吸控制法）。现在，我们主要讲解第一、第二种呼吸控制法。

帕坦伽利谈到的调息（呼吸控制法），在字面上理解它们并不困难，似乎实践起来也不是很难。有人会问，是不是还有其他更加"高级"的呼吸控制法？有这样的想法很自然，因为似乎第一种和第二种呼吸法实在"太简单"了。但从帕坦伽利瑜伽修持的角度出发，你就不用费心思虑了。如果你能好好修习它们，就非常好了。到一定程度，可能会达到第三种呼吸控制法，在特别的情况下出现第四种呼吸控制法。但即便没有出现第三、第四种呼吸控制法，也没有关系。因为帕坦伽利的呼吸控制法，目的是为了让我们消除遮蔽了内在之光的障碍，从而做到专注（参见《瑜伽经》2.52—53），而不是为了那些所谓的呼吸"神通"。

帕坦伽利也是非常重视身体本身的，只是他的《瑜伽经》突出了瑜伽修习的最高目标，而没有把笔墨过多地放在粗身等身体的维度上。但《瑜伽经》谈到的修习瑜伽所带来的身体上的迹象（身体感官等获得各种力），他是明确说的（参见《瑜伽经》3.47）。在我们看来，除了瑜伽修习达到三摩地这一垂直维度之外，我们也不排斥身体健康这一水平维度，练习瑜伽是为了获得好的身体迹象，起码是为了更好地让身体健康。我们可以自然地加入阿育吠陀瑜伽中的养生维度。

为此，我们就需要关心，不同人具有的不同体质，如风型体质、火型体质和水型体质。对于不同的体质，呼吸控制法需要有差异，对那些持续修习呼吸控制法的人来说尤其如此。

哈达瑜伽中常见的呼吸控制法主要有：乌加依呼吸控制法、左右脉经络呼吸控制法、嗡声呼吸控制法、清凉呼吸控制法、嘶声呼吸控制法、齿缝呼吸控制法、月亮脉呼吸控制法、太阳脉呼吸控制法、圣光呼吸控制法、风箱式呼吸控制法、眩晕呼吸控制法、漂浮呼吸控制法。详细的说明，大家可以参看《哈达瑜伽之光》。

不同的呼吸法，有不同的功能。例如太阳脉呼吸控制法（也叫太阳脉贯穿法），可以净化额头，消除因气息失调引起的疾病和蠕虫病（《哈达瑜伽之光》2.50）。乌加依呼吸控制法，用太阳脉呼吸控制法的方法住气，然后用左鼻腔呼气，可以消除喉咙中的痰液，增加身体的胃火（《哈达瑜伽之光》2.52），等等。

进一步，各种呼吸法和不同体质之间具有不同的对应关系。《阿育吠陀瑜伽》对此作了区分。如风型体质的人适合乌加依呼吸控制法、左右脉经络呼吸控制法、嗡声呼吸控制法；而火型体质的人适合清凉呼吸控制法、嘶声呼吸控制法、齿缝呼吸控制法和月亮脉呼吸控制法；水型体质的人，则适合太阳脉呼吸控制法、圣光呼吸控制法、风箱式呼吸控制法。

这里，我们介绍漂浮呼吸控制法。有的瑜伽导师说，这一呼吸控制法已经不再流行。但我们发现，这一呼吸控制法还是非常重要的。在中国传统的呼吸控制法中也有很好的体现，我们可以称之为闭气养生呼吸控制法。

《哈达瑜伽之光》对此法的描述："自由地把气息吸进腹部并充满腹部。"（2.70）。基本操作步骤如下：

1. 平稳地吸一口气，以意带气到腹部，但不需要太多的气，一般可以占60%~70%；

2. 这口气息完全下去后，继续用鼻腔缓慢平稳地吸气，继续充满腹部；

3. 住气——住气，时间开始不要长，随着修习经验增长，住气时间自然延长；

4. 感受气在全身扩展，身体就如漂浮在水上的瓶子，充满了普拉那能量；

5. 通过鼻腔缓慢平稳地呼气。

此呼吸法适合各种体质的人习练。这一呼吸法还有其他变形版，可以提高生命力。

瑜伽修习，一方面有垂直维度的生命管理；另一方面也有水平维度的生命管理。我们每个瑜伽人都需要找到适合自己的呼吸控制法，以便在水平维度和垂直维度同时管理好我们的生命。

第三十四讲
善用呼吸法

在这一讲，我们特别为大家介绍三种呼吸控制法（调息法），分别是木桩式呼吸控制法、脚跟呼吸控制法以及鼻尖式呼吸控制法。

第一种是木桩式呼吸控制法。

木桩式呼吸控制法受益于八段锦站式第八式。基于八段锦思想，我们加以改造和发展，使其成为一个有效的简单的呼吸控制法。具体方法如下：

1. 静心，保持平和安静。默念喜乐曼陀罗（唵室利阿南达亚南无诃）7遍。

2. 身体呈立正站姿，双脚分开约半个肩宽。

3. 脚后跟缓慢抬起；鼻腔吸气至下丹田（气海），意念提升能量至上身，甚至到达头部。

4. 到达最高点时住气一两秒。然后，脚后跟快速回落，身体呈自由落体运动。同时，鼻腔快速呼气。身体落地时，快速回落地面形成振荡，下落过程尤似木桩回落。

5. 吸气和住气时，闭上眼睛；呼气时，眼睛睁大。

6. 在身体振荡下落过程中，把身上各种不好的信息、负能量、病气都带下，直抵地心。

7. 早晚各一次，每次做7次。过一段时间，熟悉后，可以每次做14次。再过一个时候，每次可做21次。根据个人情况，也可以一次做到49次。以身体舒服为要。一般在空腹或饭后1.5小时后进行。太饿或饱食时均不适合习练。

这一呼吸法的核心在生命气和下行气之间，同时，也包含平行气、遍行气和上行气。大家可以注意下，这一呼吸法关联了曼陀罗和体位，是体位法、呼吸法、曼陀罗之结合。对于提升自我的免疫力，改善身心问题具有强大的效果。

从阿育吠陀瑜伽角度看，木桩式呼吸控制法促进体质平衡，尤其促进生命气和下行气的平衡。这一呼吸控制法适合各种体质的人习练。但女性月经期间不建议习练。

第二种是脚跟呼吸控制法。

脚跟呼吸控制法是一种简易并可以提神、增强体质的呼吸控制法。道家的庄子说："真人之息以踵，众人之息以喉。"很多人并不能完全明白庄子所说。我们这里提供的脚跟呼吸控制法，或许和庄子所谈的不是同一回事。但这里所提供的脚跟呼吸控制法对于身心健康是十分有效的。具体方法如下：

1. 平躺，自然呼吸。

2. 脚板用力后勾，同时带着意念吸气，从涌泉穴、脚底、十脚指吸气。

3. 气从脚底到下丹田（脐轮），住气。

4. 缓慢呼气。

5. 意守下丹田。

为了配合调息，吸气时，双手可以紧握拳头。

如果我们想提高一点难度，可以这样操作：

1. 脚板用力后勾，同时带着意念吸气，从涌泉穴、脚底、十脚指吸气。

2. 在吸气过程中，随意念带气从两腿，到下丹田，再从下丹田上升到上丹田，并住气（住气时间需要根据自己的情况而定）。

3. 缓慢呼气。

4. 意守下丹田。

为了配合调息，吸气时，双手可以握紧拳头。

脚跟呼吸控制法，根据吸气、住气和呼吸时间的差异，可以起到不同的作用，体现在瓦塔、皮塔和卡法作用上的差异。但总体上，可以平衡瓦塔、皮塔和卡法，提升免疫力。此呼吸控制法适合各种体质的人习练。

第三种是鼻尖式呼吸控制法。

这一呼吸控制法是由王涛先生在《你的呼吸还好吗？》一书中倡导的一种呼吸法。在瑜伽中，我们可以把左右脉经络呼吸控制法视为调息之王。在王涛看来，鼻尖式呼吸控制法是所有呼吸法中最好的。他对这一呼吸法做了大量的论述。这一方法，在某种意义上和左右脉经络呼吸控制法有一些关联，但并不一样。这里，我们向大家介绍下这一呼吸控制法的核心：

1. 可以站着或盘坐，也可以坐在凳子上，甚至躺着。

2.静心，做5个自然呼吸。

3.通过注意力放到鼻尖上，尽可能放到鼻尖的最前沿。

4.专注于鼻尖，进行鼻尖式呼吸。

5.慢慢消除鼻两侧肌肉的作用，只留下单纯的鼻尖式呼吸。

6.习练时间不限，一般不少于3分钟。如果进入纯粹的鼻尖式呼吸，几分钟下来就会有非常好的效果。

第三十五讲
用好感官这一生命的工具

现在开始讲解瑜伽八支中的第五支，即制感（pratyāhāra）。这一支非常重要，又非常困难，但是十分美好。

帕坦伽利说："制感就是让心脱离感知对象，感官也随之脱离感知对象，仿佛感官效仿心的性质。"（《瑜伽经》2.54）在《薄伽梵歌》中，克里希那教导阿周那："骚动不安的感官甚至会使得奋力达致圆满的智者，也被迫失去自制力。控制住感官之后，就应该坚定地把心意集中在作为至上目标的我之上。当一个人的感官得到控制时，他的智力就得以稳定。当飘忽不定的感官控制了心意，就会盗走智力，使之无法抵达平静和快乐的灵性之岸，就像海上的一叶扁舟在风暴中无法抵达海岸。"（《瑜伽经》2.60，61，67）诸奥义书同样强调对感官的控制，《白净识者奥义书》就明确说："智者应该保持身体稳定，胸部、颈部和头部保持垂直；在心意的帮助下，把感官转向内心；再依靠梵之渡船，就可以穿越恐怖的尘世之海。"

事实上，古代印度各主要哲学流派和信仰传统都强调对感官的控制。瑜伽派是六大正统哲学派别之一，更加强调对感官的控制。在帕坦伽利瑜伽八支中，制感被视为瑜伽修持中的关键一环。传统上，禁制、劝制、坐法（体位）、调息、制感被视为外支。制感这一支比较特别，介于外支和内支的交界处，在某种意义上，制感属于中介，不能归外支，也不能归内支，而是转换性的关键一支。但通常，制感被视为外支。我们更倾向于把它视为过渡性的中介之桥，是由外支转向内支的一环，同时具备外支和内支之特点。

制感的作用巨大无比。大卫·弗劳利说，没有制感，瑜伽体位只是另一形式的运动，甚至只是体操；没有制感，呼吸只是把能量传给私我（ego）的手段，根本不能走向生命自由这一瑜伽的目标。从能量的角度看，制感可以让瑜伽实现从外支走向内支，从表面的瑜伽走向真正的瑜伽；而制感也可以减少能量耗损，提高免疫力，保存实力。

制感，要把感官控制住，使得感官由外走向内，本质上是感官内摄的行为。但如此一来，我们大家要如何理解和面对活生生的外界的感知对象呢？瑜伽的制感是否意味着要坚定地拒绝外界的感知对象、排斥众多的感知对象？是否瑜伽行者要成为彻底的禁欲主义者呢？

在对待外界的感知对象上，我们可以看到多种态度，有的放纵感官，有的拒绝感知对象。大体上归纳一下，各种态度可分为四种：

第一，纵欲主义。基于这一立场，感官是唯一被认可的生命行为，由感官带来的快乐是唯一的快乐、至上的快乐。

与物来往，是为了快乐；与人来往是为了快乐。各种关系的建立都是为了快乐。不放过遇到的任何感知对象所带来的快乐。今朝有酒今朝醉。在今天，我们依然可以在生活中看到这样一类纵欲主义者，甚至在娱乐至上、娱乐至死的当下时代，纵欲主义者越来越多。但是，纵欲不可能是一种持续的生活方式，而是一种立场、一种态度。它当然是实践性的，但不等于任何时候都是这样。纵欲主义者认为，唯有感官所得才是真的快乐，并要将这种快乐推到极致，要充分享受感知对象所带来的快乐。有些人口头上反对和拒绝纵欲主义，但在某些场合，某种意义上，却又高度赞赏和实践纵欲主义，所谓不纵欲不快乐。短暂的纵欲可体验到感官快乐的极限，具有极大的诱惑力。但持续的纵欲必然意味着自我的毁灭。在世界各大传统中，都可以找到肯定纵欲主义的元素和实践。

第二，禁欲主义。禁欲主义和纵欲主义相反。禁欲主义者把感官的放纵视为毒蛇猛兽，视为是邪恶的、危险的。在某些信仰传统中，修行者坚持倡导禁欲主义，坚持只有禁欲主义才能达成人的圆满。禁欲主义自然也具有种种好处，因为感官得到"封存"，避免了种种诱惑，避免了种种因为感官放纵而可能带来的灾难、困难、苦难、麻烦，它可以让禁欲主义者成为"圣人"。人类历史上，不少人成为"圣人"，就是因为他或她走了禁欲主义的道路，在生命修习中坚持不放纵自己的感官，忍受感官的煎熬，甚至感官失去了觉知力。在古代西方和印度历史上，这样的例子很多。他们确实因为禁欲，放弃对感知对象的追求，而消除了种种不便、麻烦、痛苦，并感受到一种内在的喜乐和平静。我们也当肯定，禁欲达到某个程度，获得了内在的快乐，也是一个事实。

第三，节制主义。事实上，在社会生活中，人基本都是被规范的甚至是被规训的，是现实主义的。社会为我们人类的感官提供了空间，同时也做出了种种限制。这些限制就是法律、道德规范、习俗、规矩、纪律、人之间的"契约"等。人人都生活在种种"限制"中。人们也常常用这些规范来要求自己，要求他人。对大部分人来说，节制主义是通行的，也是被广泛认可的。我们对于种种具有诱惑的感知对象，不是想要就可以获得的，需要基于种种条件。不能达成种种条件，则不能获得那些感知的对象。用弗洛伊德的理论来分析，纵欲主义是本我之欲求，禁欲主义是超我之欲求，而现实中的人们只能达成节制主义，只能依据现实原则，在禁欲和纵欲之间达成一种平衡。如果不能达成平衡，就会出现偏离，带来麻烦和问题。

第四，工具主义。还有一种对待感知对象的态度，那就是功能主义或工具主义。人们认为，感知对象是服务于我们感官之主的。如果局限于感知对象，我们就一定会陷入禁欲主义、纵欲主义和节制主义这三元选择中。但如果你对感官有一个更高维度的认识，就可能超越所谓的禁欲主义、纵欲主义和节制主义，而持一种功能主义或工具主义的态度。可以让感官实现它应有的功能，把感知对象视为你达成更高目的的工具。在这一态度中，感知对象并不是要排斥的对象，也不是感官放纵的对象，也不是在放松和排斥这两者之间做选择的对象，而是将感知对象服务于生命更高目的的工具。服务于生命的更高目的，不是让我们成为感官和感知对象的奴隶，但我们要认识感官和感知对象的真正价值，看到感官和感知对象在成就我们生命目标中的独特性和不可或缺性。生命存在，无法离开感官和感知对象，生命也需要感知对象的滋养——这个在世上存在的身体，离不开地水火风空这五大元素，离不开由五大元素构成的各种各样的感知对象，我们需要吃好吃的、听好听的、看好看的，但是我们并不让自己成为五大元素构成的任何对象的奴隶，它们只是我们拴马桩上的马匹，帮助我们走向生命的崇高目标。只不过是由于我们在这个过程中因无知而执着那些感知对象、错误地认同感知对象，才导致了我们痛苦和烦恼。

在我看来，真正的生命修持并不需要排斥感知对象的绝对的禁欲主义，不需要沉溺感知对象的纵欲主义，也不需要一定程度上的节制主义，而要采取实际的生命的工具主义。这种工具主义不排斥、不拒绝感官和感知对象的美好。但同时，我们不允许自身被这些感知对象所羁绊，不执着感知对象所带来的快感，相反，我们是感官之主，是感知对象的主人，我们在更高的生命维度上善用感官和感知对象。

第三十六讲
要像蜜蜂一样，让感官追随自我

我们谈到了对待感官和感知对象的四种态度。那么，第四种也就是工具主义的态度，是否符合帕坦伽利所说的制感呢？

人们普遍认为我们需要在物理上脱离感知对象才是制感。但这种看法是不合适的。《薄伽梵歌》就提醒了我们这一点。真正的瑜伽士并不是人们表面上看到的，因为他们看上去在行动，而其实不行动。人们可能会说，帕坦伽利在《瑜伽经》里说的，并不和《薄伽梵歌》中说的是一个意思。那么帕坦伽利是否真的排斥了感知对象呢？

毗耶娑在注释《瑜伽经》时讲过一个生动的比喻："蜜蜂随着蜂王飞动而飞动，随着蜂王停留而停留；感官也随着心的约束而约束。这就是制感。"帕坦伽利并不否定、排斥感官和感知的对象，而是告诫我们心意不要被感官所束缚，不要被感知的对象所牵引。进一步说，一旦心意不执感知的对象，感官就会自动脱离外界的感知对象。帕坦伽利显然不是在排斥、否定和抵制感知对象意义上说的，而是在人达到了一个境界、心不再执着或依附感知对象、感官自动脱离感知对象这一意义上说的，这不但和工具主义不矛盾，而且彼此完全一致。

制感，梵文pratyāhāra，源于两个词根：prati和ahara。Ahara，"食物"，或者从"外部吸入的东西"；Prati，介词，意思是"反对""避开"。Pratyāhāra的意思就是"控制食物"或者"控制从外面吸入的东西"。通常，这个词译为"把感官从其对象抽离回摄"。瑜伽馆的瑜伽一般很少讨论和实践制感。大部分在瑜伽馆练习瑜伽的人不明白这一支究竟如何正确有效地实践。其实，剥开制感的外衣，仔细探究，经过努力，制感还是可以做到的。制感如此重要，这么深刻，富有内涵，我们应该学会才好，因为只有真正掌控了制感这一关键，"达到了对感官的完全控制"（《瑜伽经》2.55），才能进一步走向深入，进入三摩地，才能达到生命的管理目标。

Ahara，就是从外部吸入的东西。我们来分析一下，从外部吸入而渗透进我们身心灵内部的东西究竟有哪些。

首先是粗身层面的，最显著的就是我们所吃下的各种食物，它们来自五大元素，满足我们粗身存在的需要；其次是精身层面，即印迹、印象，它们主要是喂养并满足我们心意的"食物"，主要是色声香味触等刺激感官的东西；再次是因果身层面的食物，主要体现在"关系"上。关系就如食物，关系好就是食物健康，处理好人们之间的关系就如要吃那些健康的食物。和喜乐的人相处，就是吃下最内在的食物。关系处理不好，就会带来"灵魂的痛苦"。

针对这些外部渗入的"食物"，我们的制感就可以从两个方面下手：一是从有问题的或者受污染的食物、印迹和人们之间的联结关系中抽离摄回；二是获得健康的食物、印迹和人与人之间的联结。

我们讲起来是很简单的，但做起来则涉及方方面面。弗劳利建议我们可以从四个方面来修习制感：感官控制，普拉那能量控制，行动器官控制，心意从感官中撤离。关于具体的制感方法，大家也可以参看《阿育吠陀瑜伽》第十四章。

瑜伽士雅伽瓦卡亚在《雅伽瓦卡亚瑜伽》中也给我们提供了一些制感方法，我们介绍其中的四种。

1. 抑制感官靠近感知对象。和尚们在讨论如何控制因接近外界的对象而生起欲望的时候，老和尚说：打坐、打坐、打坐。我们大家都闭关，根本就和外界切断了联系，你不接触感知对象，自然没有你们讨论的问题了。

2. 把所看见的、听见的、触接到的一切都视为是自我中的，并视为就是我们的自我。这是一种哲学性方法，大部分人难以做到。但我们深入学习，诸如《薄伽梵歌》《至上瑜伽》《直抵瑜伽圣境》等偏哲学修养的瑜伽经典，就应该可以做到了，因为三德产生的一切对象，都是服务生命的纯粹自我（即原人）的。

3. 每天在心中履行（吠陀）规定的职责，但并不实际行动。这对我们一般人而言似乎难以履行，但对于某些瑜伽行者则是完全可行的。

4. 以心意为桥梁，让心意在身体上的18个关键点有序移动。《雅伽瓦卡亚瑜伽》认为这个方法是最重要的一种制感方式。据说，吠陀时代的投山仙人就曾大赞此法。这18个关键点包括：大脚趾、踝关节、小腿中间、小腿根部、膝盖中间、大腿中间、会阴、环跳、生殖器、神阙（肚脐中间）、膻中、颈底部、舌根、鼻根、眼睛、印堂（眉心）、前额、百会。心意极度专注，把念力集中于这18个关键点上，并依次移动，同时自然缓慢地呼吸。习练这一制感之法，可以躺在地上或睡在（硬板）床上。只要无人打扰，可以在任何状态下练习。只是大家需要注意，这个方法不是催眠，更不是自我催眠。

另外，大家在瑜伽馆最后做的瑜伽休息术，也是一种制感，十分重要。不过，因为不明白，也不够重视，太多人把休息术变成了短暂的睡眠。其实，这是一个瑜伽课上制感的大好机会。

制感的核心是心意和感知对象之间消除了依附的关系，感官自动地脱离了感知的对象，且这种脱离不是痛苦的，而是自主自发的。当感官得到我们的完美控制时，整个身体都得到了我们的控制。这个时候，就如辨喜说的，"瑜伽行者就可以感受生的喜悦"，然后，他就可以真诚地说："我（生命）的出生是多么的幸运啊！"

第三部分
Part Three

生命的力量

第三十七讲
当你坐下来专注的那一刻，
你就是瑜伽行者了

现在，我们开始进入《瑜伽经》第三部分的讲解。

《瑜伽经》的第一部分告诉我们生命的管理目标即三摩地，第二部分讲述生命管理的部分具体的方法，第三部分是部分具体的方法以及种种瑜伽法产生的瑜伽力量。

现在，我们先来看帕坦伽利的部分瑜伽法。首先是专注。

专注，dhāraṇā，瑜伽八支中的第六支，是从制感这一支过渡到真正向内、真正内向的瑜伽实践，属于瑜伽内支。当我们走向专注的训练时，我们才可以说我们迈进了瑜伽的大门。因为，只有专注才真正走向了认清我们自我的本性、最终觉悟我们自我的身份这一进程。

辨喜说，练习一段时间的制感后，就可以考虑练习专注了。甚至在他的《胜王瑜伽》中，胜王瑜伽的教导目标就是如何专注心意。专注，看起来简单，"专注是将心固定在某一点上。"（《瑜伽经》3.1）但是，没有坚持，除了一堆心猿意马，就什么也没有。我们修习专注，必须要有非常坚定的信心，不害怕过程中的波动和失败。坚持不懈地修习一个时期，就可以明白其中的奥秘，获得真正的知识。心中有光，必定发光，坚持下去，专注就会让你潜能爆发，让不可能成为可能。

为了做好特定的专注，你需要安排好时间。每天要有一个固定的时间来专门进行专注的训练。早上可以，晚上也可以，但需要固定下来，时间固定本身也是一种专注练习。不能在浑身乏力的时候训练专注，而要在精力充沛时。身体乏力时，不要进行专注训练，而应该休息、上床睡觉，或者用其他更自然的方式去恢复身体。

专注训练的地方也要固定，要固定在不受家人或他人干扰的安静之地。有条件的，可以单独辟出一间房间作为固定的专注之所，时间长了，会形成一种氛围。这种氛围有助于你进入专注的状态，而达到好的效果。如果条件不允许，也没有关系，但是必须要安静，一段时间内无人干扰，空气洁净，周边没有异味即可。训练专注时，一般并不需要点香，也不需要音乐。

专注的对象有很多，主要分三类：外部对象、内部对象和抽象的对象。

外部对象非常多，任何对象都可成为你的专注对象，但最好要选择那些你喜欢的、让你喜悦的对象。从阿育吠陀的角度看，选择你的专注对象，最好要考虑到你的体质。对于风型体质的人，专注对象最好是多含土、水和火元素的对象，如坚定的大地、巍峨的高山、稳定的磐石、熊熊的篝火，或者点燃了的红蜡烛，但不建议专注于轻飘的云彩、间断的风声等。如果是火型体质的人，专注的对象最好多含空、土和水元素的对象，如泉水、月亮、海潮声、群山、太空、莲花等，但不建议专注于太阳、燃烧的蜡烛（一点凝视法需慎用）等。如果是水型体质的人，专注的对象最好多含风、空和火元素，如白云、蓝天、太阳、燃烧的蜡烛等，而不建议专注群山、岩石、大海之类的。

内部的专注对象同样很多，一般是自己身体的某个部位，如鼻尖、舌尖，常用的是人体的七个脉轮——海底轮、生殖轮、脐轮、心轮、喉轮、眉间轮和顶轮。基于我们的体质差异，一般不建议风型体质的人专注喉轮以上的脉轮，他们更适合专注于脐轮、心轮。水型体质的人，建议专注心轮以上的脉轮。而火型体质的人适合专注心轮、喉轮、眉间轮等。

也可以专注于某种自己认可的抽象的观念，如慈悲、善、喜乐、和平、宏伟，同样会有极好的效果。但这很不容易。

另外，禁语非常有助于专注的训练。多年前，我在剑桥一个学院访学，周围有人群团契，但没有一个人说话，彼此也不来往。我不知道为何。后来发现，那是他们的一个节日，在这个节日里，无人说话，全部禁语。这一天，大家可以工作，读经，思考，观察自己的内心……印度称圣人为muni（摩尼），摩尼就是那些训练自己不说话（而达致觉悟）的人。这种不说话，专门有一个梵文单词摩那，Mauna。在瑜伽里，可以把摩那理解为静默的瑜伽。大卫·弗劳利说，摩那在瑜伽里非常重要。其实，它对于瑜伽八支都有意义，甚至是必不可少的。

为了更好地训练专注，应该控制饮食。我们并不单纯地推荐素食，但建议偏素一些，注意卫生、营养搭配合理、基于体质的差异做出合理的饮食安排。风型体质的人，要多食根茎块的食物，避免吃冰镇类的饮料。懂得基于体质的饮食，可以促进我们专注的效果，也让我们的人生更美好。

在专注训练中，如果你是专业性的训练，那么我建议你在一段时间内只读经典，只读那些觉悟者的经典，例如《薄伽梵歌》《直抵瑜伽圣境》《哈达瑜伽之光》《胜王瑜伽》《智慧瑜伽》《分辨宝鬘》《瑜伽喜乐之光》。建议阅读同一语言系统的经典，不要因为语言系统、用词等的差异而影响修习效果。特别提醒：要审慎阅读当代新时代运动的灵性之著作。要慎重和你观点相抵触的人来往，更不要争辩；要慎重和你能量频道差异太大的人来往，更不要争辩。经过一个时期努力后，就可以完成专注的训练，而达到一个新高度，并进入新阶段的习练。

没有好的专注，人生不会精彩。当你坐下来专注的那一刻，你就是瑜伽行者了！

第三十八讲
在儿童瑜伽的体位或唱诵中训练专注

在儿童瑜伽中，专注的训练尤为重要。因为孩子是花朵，惯性或者习性养成的关键时期，也是容易快速养成瑜伽习性的关键期。

新冠肺炎疫情期间，大多数的中小学都一度采取了有史以来第一次大规模的网络直播课程。这让家长们发现，他们的孩子难以在电脑屏幕前坚持听课，突出的表现就是注意力不集中，焦躁不安。当然，网络直播上课应该是权宜之计，不会一直这样。但这里给了我们一个启发，对于孩子，专注太重要了，如何让孩子们专注地学习成了无数家长的关注点。儿童的专注力是健康成长的基本素质。当下儿童瑜伽大有勃发之势，但总体上还是偏重体式、体式故事以及部分的呼吸训练。对于非常重要但更专业的专注还不够重视。

瑜伽说，知识来自专注。对于学习期的儿童来讲，只有在单位时间内，专注于某一个对象，才能达成专注的效果，使学习更有效率，记忆更好，理解更强，并收获知识。但专注并不容易。儿童瑜伽，除了提供合理而有效的儿童体位修习、儿童调息修习、儿童曼陀罗唱诵、儿童瑜伽故事教育等，也应该有一套训练儿童专注的方法和艺术。

首先是结合儿童瑜伽的体位训练专注。体位，对于儿童来讲，可以看作初级的动态专注。在教学中，通过某一个身体的姿势，引导他们体验自己身体的奥妙，让儿童对自己的身体有一个独特的观察。以树式为例，儿童瑜伽的教练在鼓励孩子们练习简单的树式时候，可以引导孩子展开想象来进行专注的训练，如可以想象他们的小脚根扎大地，十个脚趾就如树根不断向大地深处延伸生长，并牢牢地稳定住身体。双手在头顶合十，嫩嫩的十个手指如小树枝一样伸向天空，迎接阳光的温暖和滋养。通过这样的体位习练，利用孩子丰富的想象力，从正面引导想象，在体位中，通过体位来训练专注。

也可以通过儿童瑜伽呼吸法来训练儿童的专注。对于儿童，最安全、最有效的呼吸法是左右脉经络呼吸法。这种呼吸法比较简单，孩子们很快就可以学会。且这种呼吸法可以帮助孩子获得更充分的能量，更充分的能量反过来又会促进孩子们的呼吸更加深厚，这种规则的、有序的呼吸可以显著改善孩子的专注，因为呼吸联结了粗身鞘和心意鞘。

同样，也可以通过曼陀罗唱诵来训练儿童的专注。如soham曼陀罗就非常简单实用。曼陀罗的调子，会吸引孩子唱诵的专注状态和喜乐状态。并且，soham非常有力量，唱诵的有序呼吸的功能也非常强大，同时，唱诵的声音也有助于听力的精微发展，有助于净化心意，进而更加专注。

但是，我们需要注意的是，帕坦伽利的瑜伽教导是以三摩地为导向的瑜伽实践，他不是普遍地针对儿童的，而是针对成熟的成年人的。成熟的瑜伽行者通过专注可以走向更深的冥想。而儿童瑜伽不是三摩地为导向的，对于心智还没有成熟的儿童来讲，儿童瑜伽中的专注训练，其主要的功能和目的是训练儿童的注意力，以及为高级专注做预备。

第三十九讲
坚守瑜伽初心，从专注再出发

　　各位瑜伽人，大家是否还记得当初进入瑜伽之门的初心？当初的你，是否因为羡慕并感受了瑜伽的体位或者调息或者唱诵等所带来的通透、旷达、深远和厚重的震撼，从而发心发愿，踏上瑜伽之路？或者仅仅偶然因为一本神奇的书籍而走进了瑜伽的大门？然而，却在后来的所谓身体僵硬做不成"神猴跨海"、调息不够绵长深厚达不成所谓的呼吸住气的比例、唱诵无法持久专注无法完成多少轮、搞不明白原人与原质的原理等而备受打击，逐渐散漫下来？或者忘了瑜伽的初心而全凭着最后的所谓毅力还在坚持？

　　我们能否成就一番事业，达成某个目标，及时完成某项任务，在有限时间内学会某项技艺，这在极大程度上取决于一个人能否专注。瑜伽也是如此。伟大的企业家、科学家、艺术家、思想家，在他们所在的领域取得巨大成功，了解一下他们的过往历史就会发现，他们的成就是在持续的坚持中、在不断的专注中达成的。没有一件伟大的事情不是依靠专注。这个世上任何一件真正有意义、有价值的事，都不是轻易达成的，需要很多预备，需要极大的专注。

专注，不只是瑜伽八支中的一支修习。你的荣光源自你的专注。万人赞美你，是因为你专注于一项有益于社会的事业。我们赞美科学家，是因为科学家对人类做出了贡献，这些成就服务了世界的和平与繁荣，或者疗愈了社会，让无数的人摆脱了痛苦和疾病的纠缠。专注成就人生，一点不假。

专注，给我们带来内在的纯真。你专注于你的事业、工作、你的探索，生命的聚焦点不外溢，能量安放在某个频率上，心意就会越来越得到净化。有人说，21天后，你就会稳定下来。就如一片草地，一直在上面沿着一个方向来回走，一段时间后在草地上就有了一条路。这种生活中的专注，使得我们的心一直在固定的某条"道路"上，心就会变得单一、透明、淳朴、自然、纯真。而这种专注带来的结果，也非常有益于让我们走向更高意识的瑜伽专注。

专注，使我们身心更健康。只要专注是善良形态的，就一定会带来没有烦恼或极少有烦恼的生活，让心灵更加真实、健康和喜乐。我曾在有个场合说过，翻译经典也是一种专注的习练。在过去很多年中，我长期在办公室工作，特别是把时间都"耗费"在翻译经典上。一本一本的翻译，一个字一个字、一句一句的翻译，查阅资料，投入时间理解原文、推敲原文，整理、修订和校对。结果就是心的宁静。

讲到这里，大家可能会问，这里我们所讲的专注和瑜伽八支的专注是一回事吗？也就是和我们在第三部分一开始所讲的专注有何区别？我们说，既有区别，又没有区别。在第三部分开头所讲的专注，是瑜伽八支中具体的一个瑜伽环节以及具体的瑜伽专注法。这里所讲的专注，主要是对瑜伽这个事业和生命本身的专注来讲的。而这一专注是瑜伽八支中专注的另外一种形式。

专注是成就瑜伽的根本力量，也是生活工作取得成效必要的力量。瑜伽不仅是一种道路、一种方法、一种生命的取向，也是生命中的一项事业。投身于瑜伽事业，也需要长期专注的精神。瑜伽本身系统复杂，瑜伽知识浩如烟海，要在某个领域有所造诣，就需要投入时间和精力。要明白瑜伽的奥秘，就需要长期研习，阅读经典，聆听教导，持续反思和经验。如果你是哈达瑜伽的习练者，要在体位上达到一个高度，需要投入大量时间，深入了解身体体质，学习诸如生理学、解剖学知识，等等，最关键的是要坚持实践。不管你是行动瑜伽的实践者，还是智慧瑜伽的探索者、胜王瑜伽的践行者，都需要从不同角度，全力投入，持久专注。

专注，首先是一种精神，而不只是一个"毅力"。当我们看见他人体位漂亮、呼吸深沉、智慧通透时，是否想过他们的这些成就是从哪里来的？我们瑜伽行者不能只从"果地"上去羡慕他人，而要直接从"因地"上去下功夫。否则就会忘了瑜伽的初心，就会越学越渣。要记住：我们踏在瑜伽垫上的每一刻，我们打开瑜伽经典的每一刻，我们的每一次呼吸，我们坐下来专注冥想的每一刻，我们就都是瑜伽行者，而不是暂时的瑜伽体验者。作为瑜伽行者，每时都应该自觉地进行瑜伽八支的实践。这才是真正的专注，才可以说你真正拥有了专注这个生命的大法宝。

第四十讲
固定点位，持续感知并流过即为冥想

现在，我们来深化对冥想的认识和理解。

帕坦伽利说："冥想是持续地认知。"（《瑜伽经》3.2）"在冥想中，似乎没有个体意识，只有对象显现，这就是三摩地。"（《瑜伽经》3.3）专注、冥想和三摩地，这三者之间并没有严格的界限，而是彼此联结，是一个前后相续的过程，"专注、冥想和三摩地这三支合在一起就是专念。"（《瑜伽经》3.4）如此，我们可以把瑜伽八支的这三支内作为一个整体来讨论和实践。

有人问，专注和冥想有什么区别？我们可以借用辨喜在《胜王瑜伽》中的注释，辨喜说，心意努力思考一个对象，将其自身（即心意）保持在一个特定的点位上，如头顶、心脏，等等，而如果心意可以成功地只通过那个位点而不是身体的其他部位接受感知，那么，这就是专注。而当心意成功地持续保持那种状态时，就是冥想。也即是，专注和冥想之间的区别，一个是成功地集中在某个点位上进行感知，一个是持续成功地保持在那个点位上感知。专注，可能不是持续性的感知，可能这一刻在这个点位感知，下一刻就换了点位；而冥想则是持续性地集中在某一个点位上进行感知，同时，这一持续性感知，是一种感知信息的流过，而不是"控制"感知的信息。

持续性地集中于一个点位上进行感知、持续性地流过感知的信息，对于我们大多数的瑜伽行者，还是需要非常努力和持续性的训练的，冥想并不是一蹴而就的，不是你坐在瑜伽垫上、闭上眼睛就可以获得的状态。有人问，怎么办？是否可以提供统一的、有效的冥想法？抱歉，我说，没有。不过，只要合乎你的需要、合乎你的体质，并可以真实地有助于你，你就可以找到适合你的方法。阶段不同、需求不一样，冥想法也要有所区别。

遗憾的是，不少瑜伽行者并不知道自己需要什么，诉求什么，他们所实践的冥想是他人提供的，自己只是被动地选择或单纯地接受。所以，有时你实践冥想，但会想不下去；坚持了，但坚持不下去。有时，甚至形成了压力。于是就离冥想越来越远了。再强调一下，并没有一个适合所有人的冥想法，不同人有不同的需要，处在不同的阶段，各自找到适合自己的方法就是最好的。

我们放下一般性的冥想探讨，也放下众多的技巧，综合大卫·弗劳利、迈克尔·兰福德等人的推荐之法，这里向大家提供基于个体体质差异的三种最基本的冥想法。大家可以根据自己的体质来选择相应的冥想法，并做适当的变通。

一、火冥想法

此法适合瓦塔（风型）体质和卡法（水型）体质的人，但不适合皮塔（火型）体质的人。

在一个固定房间，房间不宜大，冥想期间不透风，微暗，无须音乐，无须点香。安全，安静，不受干扰。按照自己的舒适度坐下，单盘、双盘或自由盘，也可以坐在凳子或椅子上。在自己面前，放一根点燃的蜡烛或油灯，也可以挂一幅火苗画（或篝火画），或者圣人像（圣人心中有一团火）。自然呼吸3—5次，进入冥想。

冥想物质之火。想象面前的火是有木堆在燃烧，尽可能仔细观察，观察木头的每部分是如何燃烧的；燃烧之后，观察它发出的光能、热能；想象自己进入那火焰，吸收火焰的光能、火焰的热能。感到自己发光、发热。努力放松地让这一信息持续地流过。

冥想胃火燃烧。想象自己的脐轮是胃火中心。观察每一种食物是如何被消化的，仔细观察吃下去的食物如何被压碎、被分解，如何发生生化反应，如何产生持续的能量。观察食物变成了能量，观察它经过小肠被吸收，观察能量传导，滋养你的身体，让你健康、丰富和喜乐。努力放松地让这一信息持续地流过。

冥想心意之火。心意波动不止，心意的火，火花四溅，注意不要停止在某一个念头上。只是让念头持续流过。观察稳定的心意之火让你充满能量；观察稳定的心意之火带给你光明、智慧、温暖和力量。渐渐地念头减少了，念头消失了，只剩下心火在摇曳生辉。

冥想意识之火。意识之火始终稳定、持续、光明、温暖，充满活力，它是普拉那能量之火，纯粹意识之火。意识之火构成一片火海，燃烧一切，转化一切，净化一切，滋养一切。它就是存在之火、智慧之火、喜乐之火。它就是一切。努力放松地让这一信息持续地流过。

二、山冥想法

此冥想法适合瓦塔（风型）体质、皮塔（火型）体质的人，但不适合卡法（水型）体质的人。

在一个固定房间，房间不宜大，冥想期间不透风，微暗，无须音乐，无须点香。安全，安静，不受干扰。按照自己的舒适度坐下，单盘、双盘或自由盘，也可以坐在凳子或椅子上。在自己面前挂一幅群山画或巨大的岩石画，中国人熟悉的黄山或昆仑山，都很不错。如果细心，也可以在自己面前放一块或几块质地坚硬的矿石（艺术处理的石料也可以）。自然呼吸3—5次，进入冥想。

冥想坚固的石头。石头是地元素，代表了稳定和力量。冥想一块坚硬的、质地良好的石头。或许你记得矿区刚用火药炸开，那石头还散发着一种气息。那石头充满了能量。也可以冥想一块来自天外的陨石，蕴含着数亿年前的信息，带来了无比稳定和强大的能量。

冥想大山。把冥想的对象放大，把有限的石头换成大山。稳定的大山，具有压倒一切的力量。想象那大山"重、沉、稳"。

冥想心意之石。我们的心意容易漂浮。想象心意稳定，如石头一样沉静，坚定如磐石。

冥想存在之石。我们的存在之根、稳定之源来自地元素，地元素来自原质。冥想存在之石就是冥想存在本身，观想一切都是变化的，但透过变化的看见那永恒不变的，就如你看到冰雕，精美的冰雕世界会融化，但你看到的是那冰雕的本质，即水。

三、空冥想法

此冥想法适合皮塔（火型）体质的人，对于其他体质的人不建议多用，特别是此法不适合瓦塔（风型）体质之人。

在一个固定房间，房间不宜大，冥想期间不透风，微暗，无须音乐，无须点香。安全，安静，不受干扰。按照自己的舒适度坐下，单盘、双盘或自由盘，也可以坐在凳子或椅子上。在自己的面前挂一幅天空画或浩瀚的太空画。如果细心，也可以在自己面前放一只空的海螺或空瓶子（也可以是艺术化处理的海螺或瓶子）。自然呼吸3—5次，进入冥想。

以下，我们为这一冥想提供一段导引词（导引词因人喜好而异，但应做到正念、流畅并保持语言的优美），可以用于导引他人，也可以通过录音，用于导引自己，当然也可以用自己的心灵自我导引。

——轻盈的我，安坐在美丽的喜马拉雅山上，白雪茫茫，茫茫白雪，雪地上有一小木屋，小木屋里端坐的就是我。缓慢呼吸，静静呼吸，带着生命的行装起身，迈向太空。大地在脚下，风景独样。太阳系，如池塘。神箭般的速度，离炙热的太阳而去。走出太阳系，进入无垠的银河系。众多的星体熠熠发光，风神般的脚以无比的速度，离开银河系。我是风神，以光的速度向前奔去，虚空中无数的星球只是空中的尘埃，我的脚步没有停止，没有停止，我所穿越的只是无限的空的一个小小角落。我的脚消失了，我的身体消失了，我消失了，依附在我的名下的一切都消失了，只感到一个光体以光的速度在穿梭向前。我就是那光，没有重量，没有束缚，那光就是自由，充满智慧，那光就是喜乐，充满喜乐。光明、自由、智慧和喜乐，大地消失，宇宙消失，一切物质都化为光，没有地球和太阳，没有银河，一切都汇入光中，一切都成了纯粹意识。我就是那光明的纯粹意识，我就是那存在的纯粹意识，我就是那智慧的纯粹意识，我就是那喜乐的纯粹意识……

以上，只是最基本的冥想法。大家也可以根据自己的体质来选择使用，也可做适当的变通。

第四十一讲
生命就是一场快乐的大冒险

帕坦伽利说："潜在印迹升起时，就要有意识地约束它，以便让心再次回到受控状态。"（《瑜伽经》3.9）

梵文samskāra，有几层含义。首先，它表示一种潜在的形成力，一种使得我们的存在成为如此存在的一种力量，是形成业的潜在力量。其次，它是意志作用力、意念作用力，形成意志和意念的力量。通常，大家都用潜在印迹来翻译这一梵文词。根据samskāra的这两种含义，大家就可知道形成我们如今模样的力量，靠的就是这个潜在印迹。

某种程度上，我们也可以说瑜伽就是约束潜在印迹。因为，潜在印迹的升起，就会唤醒原有的记忆，从而引发心的波动。心的深处就如湖底。风平浪静时，那些印迹潜伏在湖底，一旦有外在的力量搅动湖面，就可能影响湖底，引发潜在印迹升起，过往的记忆起来了，引发了意志作用，或痛苦，或快乐，然后就直接影响你如今的生活。

潜在印迹对生命影响巨大，且使不同的人相互之间差异巨大。潜在印迹决定业的力量。不同的业造就生命不同的存在形态。潜在印迹也会直接导致生命的外在表达。潜在印迹不同，生命的外在展示就不同。从智商、情商到其他各种商都会不同。潜在印迹，有的有愚昧属性，有的有激情属性，有的充满了善良的属性。升起的潜在印迹如果具有明显的愚昧属性，就会使得我们的生命偏向黯淡、极端。有人五官端正，气宇轩昂，但潜在印迹却充满了邪恶。随着他的成长，如果没有得到良好的教育、合理的社会法律道德的约束，乃至最重要的自我约束，那些潜在印迹中的愚昧属性就会爆发出来。

我们说，相由心生。潜在印迹直接影响着人的"形象"。如果没有去自我干预和约束，所呈现出来的"形象"似乎就是"预制"的一样，但事实上，生命的后天生活不断地影响着潜在印迹，不断地制造、改造着生命自身的"命—运"。帕坦伽利说："潜在印迹得到了约束，心也就处于平静之流中。"（《瑜伽经》3.10）这是帕坦伽利对瑜伽行者提出的生命的管理要求。如果我们无法约束潜在印迹，心自然就在波动中。瑜伽，就是约束心的波动，就意味着"命—运"是我们自己在把握，瑜伽就是自主改造我们"命—运"的一种方式。

但是，约束潜在印迹并不容易。对我们大多数人来说，难以真正约束所有的潜在印迹。如果我们能够约束那些愚昧属性的部分、强化那些善良属性的部分印迹，那么，业的运行也会得到改善。在这世上，没有多少人能真的控制住自己的潜在印迹，但作为理想、目标，我们必须努力。瑜伽，不能只为了"中途的风景"，而是要以生命管理的目标（三摩地）为导向，以约束住潜在印迹为重任。

对于潜在印迹的重塑、改变和制造，决定着我们当下的人生，也影响着我们不同的生命选择。

选择一：放任潜在印迹。生命无法更新和迭代，过着不断重复的人生，像陀螺一样的生活。

选择二：被潜在印迹牵引而去。无法约束潜在印迹中属于愚昧和激情的部分，被潜在印迹牵引，如木偶般生活。

选择三：被动约束。通过被动地遵循社会法律规则、道德规范以及正向的人生价值观，约束那些升起的潜在印迹。不过这种被动的约束，主要还是善良属性导向的。这样的人生，可以使我们走向一种比较喜乐、圆满和健康的生活，在未来，新的潜在印迹升起，会导致一种比较圆满的新人生。

选择四：主动约束。在肯定被动选择之基础上，还要主动超越，对潜在印迹主动进行更加彻底的约束。这是我们瑜伽行者所追求的生命姿态。"消除了所有的精神涣散并且能够心注一处，此时就朝向三摩地迈进。"（《瑜伽经》3.11）通过有意识地主动约束潜在印迹，最终达成三摩地。"当过去减弱的潜在印迹和现在升起的潜在印迹变得一样时，就是心注一处。"（《瑜伽经》3.12）这就意味着过去的和现在的潜在印迹都已经得到了约束！

帕坦伽利瑜伽的冥想之道，就是这样一种主动的努力。通过冥想，消除精神的涣散，潜在印迹得到约束，当下呈现的就是不断被重新创造的人生。内在的印迹呈现为外在的生命样式。当我们最终彻底约束了我们的潜在印迹，我们就达

到了人生的最终圆满——纯粹的自我（真我）和物质自然
（非真我）的分离，真我就回到了它原本的存在状态。正是
在这一意义上，做人就是一场大冒险——领悟到这一要点的
生命，他的人生就是快乐的、积极的、非常有意义的！

第四十二讲

唯一的问题：游戏，还是被游戏？

现在，我们开始谈论物质自然，即原质。

帕坦伽利主张，物质自然（即原质）呈现出不同的状态，不同的状态导致不同的"进化"，"原质的本性分为潜在的、升起的和未显现的"。（《瑜伽经》3.14）"各种进化都是由这些持续不断的变化造成的"。（《瑜伽经》3.15）

物质自然，梵文prakṛti，一般译为原质，或自然。和它相对的另一个词就是真我，也叫纯粹自我、纯粹意识，梵文puruṣa，一般译为原人，或神我，或普鲁沙。物质自然和纯粹自我各自独立存在，但不知道什么"原因"，它们混在了一起，于是本是纯粹意识的真我，随着原质的变化，陷入痛苦和轮回而不得自由。帕坦伽利指出，生命本身是自由的、永恒的、喜乐的，但因为和原质混在了一起，现在要通过瑜伽让物质自然和真我各自归位，恢复它们各自最初的状态，也就是让纯粹意识和物质自然分离。这看起来非常简单，但这个分离的过程异常艰难。

瑜伽派主张的物质自然非常奇妙。有点类似于吠檀多哲学中的摩耶（maya）。我们也可以用无形的"能量"来理解这个物质自然，这样比较好懂。如果直接说无形的原质（或者摩耶），比较难理解。人们不太容易接受能量是虚幻、无形之物，宇宙中一切具体事物只不过是这能量的变形。事实上，虚幻之意，是中性的表达，表达这种存在不是稳定的、不变的、恒定的，而是变化的、不确定的。能量一直在变化，你不能把它固定下来，更不能执着它。在这一意义上来理解就比较容易，也更加合理。

物质自然不断变化，其本性表现为潜在的、升起的和未显现的，宇宙的"进化"就是这一物质自然不断变化的演绎。物质自然具有三种属性，分别为善良属性、激情属性和愚昧属性。在某种意义上，这三种属性可以被理解为三个维度、三个部分、三种形态、三种能量。在宇宙开初，作为能量，它们处于平衡状态，是混沌的。但它们一直在运动，这些运动导致了三者之间的平衡被打破，于是产生了宇宙自然以及自然的变化。物质自然从原初的状态，发展到这个现象的宇宙世界，经历了漫长的演化过程。

原质的这三种能量形态，其演化运行有着内在的规律。结合弗劳利的研究，我们可以观察到其有四大规律：轮替律、主导律、合作律、工具律。

一是轮替律。顾名思义，轮替律就是三种能量中每一种都会有机会占据主导，就如白天和黑夜交替转换一样，而不会一直是白天或一直是黑夜。物质宇宙的存在和运行，有其不同的阶段。这种阶段或轮替是一种自然运行的过程。如果某个时代愚昧能量占据主导，那么，我们所行的方式就应该不同于激情能量占据主导的时代。善良能量占据主导的社会，我们的身心状况和愚昧能量占据主导的时代很不一样。因此，我们要学会判断时代运行中的主导能量。要根据三种能量的实际，借用三种能量自身的主导性排序来配置三种能量，以达成我们的意志或行为。

二是主导律。主导律，就是某个时候或时期，三种能量中的一种能量占据了主导地位。宇宙自然的运行是如此，生命的成长也是如此。每种能量占据主导会持续一段时间。三种能量中，相对而言，愚昧能量和善良能量的持续要稳定一些、持久一些；而激情能量持续较短。简单地说，激情过后，要么走向平静，要么走向毁灭。激情要持续，就要不断地增加燃料，增加刺激或激励。

个体在一生中不同的时期会由三种能量中的某种能量占据主导。一般地说，小孩时，愚昧能量占据主导的多一些；青年时期，激情能量更加强大。而年老时，更多的则是善良能量。作为生命个体，我们要控制好自己的主导能量，不可让某种能量占据极端的地位或程度。人际关系对我们的健康非常重要。在处理人际关系时，要考虑交往对象的主导能量。在主导能量控制下，人们会表现出某些特征。例如，交往对象被激情能量主导，那么跟他交往就不要依赖善良能量的特征来处理你们之间的关系。同样，如果交往对象被愚昧能量所主宰，那么，就需要非常谨慎。

三是合作律。三种能量各具特点，但它们之间没有绝对分离的状态，而是彼此合作、配合的关系，它们彼此运动，相互协作。我们个体之人，并不是完全善良能量型的，或完全激情能量型的，或完全愚昧能量型的，往往同时具备善良、激情和愚昧这三种能量。《数论颂》的作者自在黑就说，它们之间具有相互产生、相互支持、相互伴随和相互依存的关系。

在日常生活中，我们可能会执着某一种能量，却看不见或者忽略了其他类型的能量所具有的合作性。一切在不断变化，一时可能带来不理想的结果，另一时可能带来积极的效果，好坏是非得失都是关系性的，都和三种能量之间的合作有关。认识到这一点非常有用。一个你认为非常可靠的人，可能在生活中麻烦不断；某个总是批评你甚至攻击你的人，可能会让你避免不少麻烦甚至灾难。在三种能量的世界中，需要一种更加辩证的方式，借助三种能量的合作，来理解和处理能量问题。要明白，无物多余，无物可弃。一切存在都有其功能，重要的是你如何去面对、协调、把控三种能量之间的合作。

四是工具律。这三种能量本身没有本质。没有本质，说的是三种能量永远在不断地变化。三种能量控制着我们，即束缚我们的真我（原人、普鲁沙），让我们陷入无尽的生死轮回中。我们（原人、自我、普鲁沙）之所以被束缚，根本的原因是我们错误地认同我们自己就是物质自然，更准确地说，认同物质自然三种能量的不断变化而不断升起的各种相。

当我们着相时，我们就成了木偶，被三种能量"工具化"，三种能量成了我们的主人，我们成了原质的工具。但事实上，这三种能量并没有意识，这三种能量是工具性的，只是因为我们不能分辨、没有知识、陷入无明而产生的错误认同，才导致了这一主客"倒挂"的现象和结果。帕坦伽利告诉我们，瑜伽就是让我们分辨清楚这一主客实际，不要成为能量的工具，方法就是知识分辨基础上的三摩地。

作为整个物质自然之整体，并不存在"进化"，也不存在"退化"和"净化"，而只是一场能量的无尽"游戏"。在这一永无止境的"游戏"中，我们在一个有限范围内，可以说既存在"进化"，也存在"退化"，同样存在"净化"。所谓的"进化"或者"退化"，只是物质自然内部的一个维度或一个阶段。我们都参与了这个宇宙的"游戏"。问题是，作为生命、作为原人，我们是主动参与"游戏"，还是"被游戏"？虽然我们难以关注"游戏"整体，也无法参透整体本身，但我们可以依靠我们自身清醒的选择，主动参与这宇宙的"游戏"。作为具有自我意识的生命主体，不管宇宙的"进化"还是"退化"，我们都可以选择"净化"，也就是，我们可以自主地选择我们生命的成长之路。

第四十三讲

享受专念，但不受它迷惑

"专注、冥想和三摩地这三支合在一起，就是专念。"（《瑜伽经》3.4）这三支被称为内支，禁制、劝制等前五支通常称为外支。外支服务于内支。专念，又称为总制，不是独立的一支，而是三支合称。或者，专念就是专注、冥想和三摩地这三支逐次相随，合为一体，专注深了成冥想，冥想深了臻达三摩地，此时，"对象的形式消失了，只有它的意义仍在心意中"。

专念具有重要的意义，对我们的身心灵之健康意义巨大。

专念，最直接的意义就是改善我们的记忆力。日常生活容易受到各种干扰，心中思绪太多，需要静下来，再静下来。修习专念，可以做到这点。一旦安静了下来，交感和副交感神经就会自动调整，这时大脑更清晰，短时记忆效果明显提升，当然对于改善长时记忆也非常有益。

专注有助于提高洞察力、直觉力。静能生慧，可通向光明。光明就意味着不见黑暗，事物本来的样子就可以在你面前呈现出来。事实上，最初级的专念就让我们有能力从杂乱的信息中、复杂的现象中抓住核心的东西，看到平时看不到的、想到平时想不到的。遇到事情时，我们都会说"让我静静，让我静静"，也就是让我通过安静来理顺心绪从而看清问题。我们的洞察力、直觉力取决于我们入静的程度。这种安静不是什么也不做，或者环境很安静，而是我们内心的安静，心静如止水，也就是心意的波动得到了我们的约束。专念，是一个从外撤离的过程，是一个去遮蔽、还原事物本来状态的过程，是一个去染着的过程。当我们具备了这一专念、约束的能力时，就容易觉知到事物的本质。

专念帮助我们驾驭心意。在专念中，波动的心意被关了起来，开始会不断蹦跳，但你坚持不理会它们，它们蹦跶多了，没啥好蹦跶的了，就如原来浑浊的水，你不理会它们、不再去搅动它，过了一段时间，浑浊的水也就变清了，你的心意得到了安顿。在专念中，我们可以冥想一些最基本的哲学问题，在哲学性的冥想中安顿我们漂浮的心。我们的心之所以不能安定下来，一个原因是我们在形而上层面的"虚脱""空白"。如果我们能够持有一套究竟的形而上学，我们的内心会清晰，心就会安定下来，就如一条大鱼回到大海中、鸟儿回巢一样，自主、自在、安稳、强大。这是一种非常高级的性命安顿。

专念修复我们的感官系统。我们一直在超负荷地运用我们的感官。如，现代人很自然地大量使用眼睛，我们每天耗费大量时间对着手机、电脑，这是古代人无法想象的。不仅近视眼越来越普遍，而且问题日趋严重。如今手机直播越来越普遍，长时间戴耳机，时间长了，听力普遍出现问题。消费主义极度盛行的时代，不懂感官节制，身体器官过早衰老或者出现各种问题。向内的专念，因为撤回了向外的感官，客观上促进了感官系统的自我修复和三德能量的再平衡。感官系统修复有不同的含义，出现病变的感官可以得到休息和再平衡，功能弱化的感官得到修复，正常的感官得到保养，等等。

专念还有助于改善和促进五气的运行。生命力和能量鞘（能量身）关系密切，生命能量系统和身体中的五气运行直接有关。生命气普拉那可分为五种主要的能量形式，即命根气、下行气、上行气、平行气、遍行气。它们和我们的身心健康关系密切。专念可以帮助我们更好地运行五气。在《瑜伽经》中，帕坦伽利谈到上行气、平行气的专念可以产生特别的瑜伽力量。他也用隐喻谈论了左脉、右脉和中脉的专念修习，以及龟脉控制法（借此可以获得身体的稳定）。

专念带来种种瑜伽力量。帕坦伽利告诉我们，专念可以带来很多瑜伽的力量，如通晓他人的心，进入他人体内，知道自身的死亡时间，拥有美德之力量，获得各种专念对象的力量，控制口渴和饥饿，通过帕提巴即直觉力（明光）获得过去和未来的知识，在空中飞行，在水上漂浮，控制感官，获得大无身，乃至掌控物质自然等神奇而强大的力量。专念带来的力量，有的比较容易理解，因为通过专念我们可以获得经验；有的不是很好理解，因为普通人根本经验不到。但专念确实改变了我们的身心状况，激活了我们的潜能，获得了超越常人的感知能力以及某些力量。

　　但是，我们需要记住，帕坦伽利也警告我们，这些力量只是世俗中的力量，它们是通往三摩地的障碍。（参见《瑜伽经》3.38）这些力量只是我们瑜伽之路上的"遇见"。瑜伽行者享受这些力量，但是不能为这些力量所惑，更不能本末倒置忘记瑜伽的追求是三摩地。

第四十四讲
理解五气能量，荣耀身体

　　瑜伽哲学认为，我们生命体有五个身体或者五身、五鞘，即粗身鞘、能量鞘、心意鞘、智性鞘和喜乐鞘。其中，很大一部分涉及能量鞘。离开能量鞘，我们这个生命体就不能活起来。可以说，能量鞘是生命的动能，是生命精微能量系统的重要组成部分。

　　对于能量鞘，帕坦伽利也有若干经文涉及，但主要是在能量鞘可以发挥的力量层面上提及的，如："通过控制上行气，瑜伽士可以在水面、沼泽、荆棘或类似物体上行走，也可以飘浮在空中。"（《瑜伽经》3.40）"通过控制平行气，瑜伽士周身可以放出光芒。"（《瑜伽经》3.41）这里，帕坦伽利并没有直接论述能量鞘或者普拉那（prāṇa）能量，只是告诉我们激发、控制了上行气或者平行气的能量，就可以获得瑜伽的神奇之力，如在水上行走或在空中漂浮，等等。

　　显然，帕坦伽利并没有像今日时代的人们论述科学的知识体系那样，全面论述普拉那能量的知识，也没有对普拉那能量所有形成的"力量"予以全面阐发。这和他所处的时代背景有关。或者，他也许认为无须讲述系统的知识而只需要实践。当然，对于能量鞘，也有一个从普拉那到调息、再到普拉那的时代变迁过程。

在帕坦伽利论述的基础上，这一讲我们给大家完整地介绍普拉那能量的五种形式，即五气，它们分别是：命根气（prāṇa）、上行气（udāna）、平行气（samāna）、遍行气（vyāna）和下行气（apāna）。

这五种气，都属于能量鞘，都是普拉那能量，只是它们各自的功能不同。五气也被视为瓦塔（vāta，风）的次级展示。而在阿育吠陀中，瓦塔（风）对应普拉那能量。更具体的，五气在身体上有相应的对应位置和各自所有的特定功能。

命根气，主要分布在心脏、头脑、肺部、眼睛、鼻子、舌头，主要负责呼吸、吞食、打嗝、打喷嚏、吐（口水等）。

上行气，主要分布在脖子、喉咙、脐区、心肺，主要负责发声、说话、唱诵、用力气。

平行气，主要分布在脐区、胃、小肠、排泄流汗之通道，主要负责胃火、消化食物、分离消化的食物、向下输送废物。

遍行气，主要分布在胸部，也遍布全身，主要影响血液和淋巴的循环，影响身体运动以及血液外流和身体出汗。

下行气，主要分布在下腹部、直肠、大肠、膀胱、生殖器、大腿和脐，主要负责生产胎儿，让尿液、大便、精液、经血下流。

帕坦伽利说，通过控制上行气，我们可以在一些平时难以行走的地方行走，如水面、沼泽地，甚至可以让自己飘浮在空中。或许你我做不到，但我们也曾发现有修习瑜伽者试图挑战。但要持续在水上漂，我们确实还没有看到过。

帕坦伽利认为，通过控制平行气，可以让身体放光芒，也就是生命的光辉。这个可以理解。事实上，这一现象可以进行科学的测试。通过有意识地练习平行气、强化平行气，可以激活身体的能量。

对于我们大部分人来说，不要关心这些"力量"，而是要关心能否通过修习诸如命根气、上行气、平行气、遍行气、下行气，给我们的身心健康带来实质的效果，获得"身体的荣耀"：美丽、神采、力量和坚韧。这里，我们介绍其中的平行气调息法。

平行气主要分布在脐区等，平行气调息的目的是专注，并平衡我们的能量。具体方法如下：

1. 想象能量从整个宇宙、星系、外在世界、从远处的地平线进入腹中，想象平行气如一个多彩的能量球转向内部，进入肚脐，并变得越来越小，光辉灿灿，提供给我们稳定、专注的能量和温暖。

2. 吸气（深度腹式吸气），在吸气时把能量带到肚脐，感受胃火。

3. 住气，意念集中于脐区，想象胃火燃烧。

4. 呼气，让能量从脐区扩展，给所有的身体组织提供充足的能量。

平行气调息法有助于治愈肝、胆囊、胃、小肠等的疾病，有助于促进胃口、消化，有助于治愈溃疡，也有助于体内能量平衡，促进新陈代谢。

平行气调息法可以增加火能量，适合风型体质的人和水型体质的人练习。

这一方法也可以简单地变通下形式：

1. 行双手合十手印或结苏磨手印（如下图所示）。

2. 吸气。想象整个宇宙能量朝自己的腹部汇聚。吸气要缓慢细长。

3. 不住气。

4. 呼气。想象能量从腹部向四周缓慢扩散，达到各个组织，达到四肢、手指、脚趾，达到头部，达到全身皮肤。

这是自我能量恢复的有效方法。一次调息21次可以收到明显效果。

第四十五讲
洞透瑜伽士隐喻，提升经脉能量

　　学者们普遍认为，帕坦伽利没有讨论过有关生命体中脉轮的内容。脉轮，cakra，即生命体中的能量中心。有一位非常知名的瑜伽修持者，对《瑜伽经》有很深的认识，但他在他的文章中明确说帕坦伽利没有涉及诸如脉轮的思想。以前，我也认可这一观点，但在我深入研究后发现，其实帕坦伽利的《瑜伽经》大量地涉及生命体中的脉轮知识，只是它们具有相当的隐秘性，需要透过表象去认识，或者说要我们自己去解密。

　　上一讲，我们谈到了生命体的精微能量，涉及了平行气和上行气。帕坦伽利并没有就普拉那能量的五气知识加以论述，而是直接告诉我们专念（五气）之后产生的各种"力量"。而就能量中心即脉轮来说，帕坦伽利也没有明确论述脉轮理论，甚至没有各种脉轮的专名。但是，帕坦伽利借助论述专念若干个"脉轮"后产生的瑜伽力量，间接地告诉了我们相关的脉轮。这是我们在研阅《瑜伽经》时需要仔细辨别的，否则就会漏掉脉轮这一瑜伽修习的珍宝。

当然，大家可能会提问，为什么帕坦伽利没有就三脉七轮本身予以论述，而是直接告诉我们专念它们所带来的"瑜伽的力量"？

首先我们要指出，帕坦伽利的《瑜伽经》是基于数论的瑜伽八支实践，重点不是理论论述，重点是告诉我们生命体为什么要实践、实践的目的是什么以及实践的步骤，还有生命实践产生的效果、获得的力量、最终的成就。

其次，帕坦伽利所在的时代，似乎还没有出现后来脉轮瑜伽成型的脉轮专业词汇。但在瑜伽修习中，他觉知、印证了生命体中的那些能量中心和经脉的存在。并且，基于他的印证，他用非常形象的、隐喻性的语言，把这些脉轮的信息传达给了我们。如此，巴迦纳南达等大师说帕坦伽利瑜伽没有脉轮思想，也是可以理解的了。

但是，我们要将帕坦伽利关于脉轮的隐喻性信息加以剖析，用我们大家今天熟悉的脉轮瑜伽的语言来解释，这样可以进一步深化我们对《瑜伽经》的理解和应用。

帕坦伽利传递了生命体三脉的信息：右脉、左脉和中脉，通过专念这三脉分别获得三种超级的瑜伽力量。帕坦伽利还涉及其他经脉，如我们并不太熟悉的龟脉（《瑜伽经》3.32）。

解密信息一：太阳，即右脉。

帕坦伽利说："专念于太阳，便可获得太阳系的知识。"（《瑜伽经》3.27）这里，太阳字面上是天上的太阳，通过专念太阳了解太阳系的知识。太阳和太阳系是部分和整体的关系。这个专念所获得的太阳系知识，可以理解为我们通常所说的物理空间的太阳系知识，然而，在瑜伽中，太阳映射着生命体的右脉，专念太阳即右脉，可以获得有关右脉系统的知识，而右脉系统就如太阳系统一样广大复杂。

解密信息二：月亮，即左脉。

帕坦伽利说："专念于月亮，便可获得星系排列的知识。"（《瑜伽经》3.28）这里，月亮字面上是天上的月亮，通过专念月亮了解星系排列的知识。同太阳一样，专念于月亮，可以理解为可以获得我们通常所说的物理空间的月亮和星系排列的知识，然而，在瑜伽中，月亮映射着生命体的左脉，专念月亮即左脉，可以获得有关左脉系统的知识，而左脉系统就如星系排列一样深远。

解密信息三：北极星，即中脉。

帕坦伽利说："专念于北极星，便可获得星系运动的知识。"（《瑜伽经》3.29）在这里，北极星字面上是天上的北极星，专念它可以获得星系运行的知识。同太阳、月亮一样，专念于北极星，可以理解为可以获得我们通常所说的物理空间的星系运动的知识，然而，在瑜伽中，北极星映射着生命体非常重要的中脉，专念北极星即中脉，可以获得有关中脉系统的知识，而中脉系统就如星系运动对于宇宙空间产生巨大的影响一样极其重要。我们知道，在《哈达瑜伽之光》中，三摩地就是要唤醒盘旋在中脉底部的昆达里尼能量，引导昆达里尼能量进入中脉，从而生命体重获自由、达成圆满。

同样，除了上面三条极其重要的经脉外，帕坦伽利《瑜伽经》还涉及了四个重要的脉轮：脐轮、喉轮、眉间轮、心轮，因为帕坦伽利说，通过专念这四个脉轮分别可以获得四种超级瑜伽力量。

解密信息四：肚脐，即脐轮。

帕坦伽利说："专念于肚脐，便可获得身体构造的知识。"这里，肚脐是一个能量中心，代表脐轮。脐带，是生命体从母体那里获得能量的第一条通道，是先天能量获得的第一站，同时，它也是生命体后天能量获得的中心。

解密信息五：喉咙，即喉轮。

帕坦伽利说："专念于喉咙，便可抑制饥渴。"（《瑜伽经》3.31）这里，喉咙是一个能量中心，代表喉轮。专念这一脉轮，可以抑制饥渴。基于这一脉轮，还可以发展出相应的调息法，可以用于养生。

解密信息六：头中的光，即眉间轮。

帕坦伽利说："专念于头中的光，便可获得悉达的眼力。"（《瑜伽经》3.33）这里，头中的光代表眉间轮。专念这一脉轮，可以让我们获得人们常说的第三眼之能力。第三眼不同于肉眼，其所见也不同于肉眼所见。有人把第三眼视为智慧之眼，也有人说是一种透视性眼力，还有人说这是一种穿越物理表象看到对象本质的能力。对于普通人，或许把它理解为智慧之眼、一种更高的直觉力，更容易理解和接受。事实上，这一理解也得到帕坦伽利认可，他说："或者通过直觉知道一切事物。"（《瑜伽经》3.34）

解密信息七：心脏，即心轮。

帕坦伽利说："专念于心脏，便可获得有关心的知识。"(《瑜伽经》3.35）这里，心脏是一个能量中心，代表心轮。心轮在生命体中归于人性脉轮，其下为动物性脉轮，其上是神性脉轮。通过专念修习心轮，促进生命走向更高的觉知层面，而不是堕落到动物性脉轮的觉知层面。心轮的修习十分重要。

由上可知，尽管帕坦伽利没有直接用后来脉轮瑜伽的专业性词汇讲述脉轮瑜伽，但他实质上涉及了脉轮瑜伽中的经脉和多个脉轮，以及对它们专念的实践所能带来的瑜伽力量。从中，我们也可以看到《瑜伽经》所蕴含的丰富思想。希望瑜伽行者可以透过《瑜伽经》的字面意思，深入瑜伽的本质，去研读《瑜伽经》这本重要的生命管理的典籍。

第四十六讲
瑜伽的力量只是途中的遇见，
不要忘记生命的圆满

帕坦伽利对于瑜伽专念所带来的力量，似乎大费笔墨，一口气提供了几十种"瑜伽的力量"。

在过往若干《瑜伽经》注释中，关于瑜伽的力量这部分内容的注释相对都是简化的，有的注释家明确说要淡化这部分内容。例如，斯瓦米·帕拉伯瓦南达和克里斯多夫·伊舍伍德著的《帕坦伽利<瑜伽经>及其权威阐释》中就这样说："所有权威人士，包括帕坦伽利本人，都将神秘力量看作是真理之路上最大的绊脚石。室利·罗摩克里希那称之为'一堆垃圾'；佛陀非常明确地告诫弟子，绝不要相信奇迹，而要从永恒法则中发现真理；基督也强烈反对那些'求看神迹'的人，但不幸的是，他的追随者并没有把他的责难当回事。但神秘力量确实存在，帕坦伽利在其关于瑜伽心理学的全面论述中显然不能忽视它们。出于保持本书的完整性的考虑，我们翻译了接下来的经文，但我们尽量不做技术上的解释，因为真正的灵修者几乎不会关注这些事情。"

　　然而，瑜伽专念所带来的神奇力量还是非常吸引人的。自古至今，人们都对所谓的神秘力量有着莫大的兴趣。这是因为，人们大多不能拥有这样的力量，这些力量是一种"稀缺性的存在"。我想，帕坦伽利对此是非常清楚的。不然，他为何要花费重墨告诉我们这些神奇的力量及其获得的途径呢？显然，帕坦伽利认为，这些力量是存在的，是可以通过专念获得的。只不过，帕坦伽利的目的是三摩地，而不是这些力量。人们关心这一力量和执着这一力量完全是两回事。所以，他又说它们是瑜伽之障碍。我们需要明白，这些力量的存在是一回事，重视这些力量是另一回事，而执着这些力量又是另一回事。在瑜伽的力量这一主题中，帕坦伽利对上面三点解释得很清楚："在世俗状态下，它们是力量；但是对于三摩地，它们是障碍。"（《瑜伽经》3.38）

　　那么，描述这些神奇的瑜伽力量，是否意味着帕坦伽利花费的大量笔墨是出于世俗目的吗？我们认为，根据帕坦伽利瑜伽所依据的数论基础，帕坦伽利之所以描述这些神奇之力量，只是要告诉我们，专念实践的一个结果就是出现这些现象——这些力量，既不神秘，也是世俗中的，也就是力量是原质三德的变化或者普拉那能量的运动。从他的瑜伽目标、从他对生命的管理来说，他自然会警告我们不要执着于原质的变化，更不要被原质变化或者普拉那能量运动的神奇显现和力量所迷惑、所束缚。帕坦伽利的生命，致力于原人和原质的分离、实现原人的独存，而之所以原人被束缚，正是因为对原质自然变化的无知、被原质变化束缚、错误地与这些变化相认同，使得原质三德成了自我的主人！

对于帕坦伽利，专念带来瑜伽的力量，这是一个事实，而它们会不会成为走向三摩地的障碍，则取决于瑜伽行者有没有执着这些瑜伽的力量。我们在佛经中看到，佛陀觉悟之后，也展示了"瑜伽的力量"，但这力量没有成为他走向三摩地的障碍。佛陀反对神通是事实，但从根本上说，他反对的是执着神通，而不是反对神通本身。

现在，我们具体看看《瑜伽经》中在涉及专念时描述了多少"瑜伽的力量"：

专念物质自然三种状态（潜在、升起、未显现），获得过去和未来的知识。（3.16）

专念词的声音、意义以及对此反应，懂得生物发声的奥秘。（3.17）

专念潜在印迹，可获得前生知识。（3.18）

专念他人的观念，可知道他人的心。（3.19）

专念身形，阻止光和眼睛之间接触，可以隐身。（3.21）

专念身形，阻止光和其他感官之间接触，让声音、味道、触觉等消失。（3.22）

专念业，死亡征兆，可以知道离开身体的时间。（3.23）

专念友谊等美德，获得德性的力量。（3.24）

专念各种力量，如大象和其他动物，可以获得专念对象的力量。（3.25）

专念内在之光，获得细微、隐秘和遥远之物的知识。（3.26）

专念太阳（右脉），获得右脉系统知识。（3.27）

专念月亮（左脉），获得左脉系统知识。（3.28）

专念北极星（中脉），获得中脉系统知识。（3.29）

专念肚脐（脐轮），获得身体构造知识。（3.30）

专念喉咙（喉轮），抑制饥渴。（3.31）

专念龟脉，让身体稳定。（3.32）

专念头中的光（眉间轮），获得眼力。（3.33）

专念头中的光（眉间轮），通过直觉知道一切事物。（3.34）

专念心脏（心轮），获得心的知识。（3.35）

专念独立的原人，获得原人知识。（3.36）

专念独立的原人，产生直觉以及高级的听觉、触觉、视觉、味觉和嗅觉，即提高感知力。（3.37）

通过专念心的活动的通道知识等，精身进入其他人身体。（3.39）

控制上行气，可以在水面等上面行走，漂浮空中。（3.40）

控制平行气，瑜伽士周身发光。（3.41）

专念耳朵和空的关系，获得超自然听力（顺风耳）。（3.42）

专念身体和空的关系，获得身体轻的能力，可以飞行空中。（3.43）

专念脱体状态的心的波动，可以清理遮蔽知识之光的遮蔽物。（3.44）

专念五大元素相关内容，可以掌控五大元素。（3.45）

专念五大元素相关内容，获得身体变小等力量，元素不会成为阻碍。（3.46）

　　专念五大元素相关内容，身体变得完美。（3.47）

　　专念认知过程、有我等，掌控感官。（3.48）

　　专念认知过程、有我等，在掌控了感官后，身体获得快速移动的力量，可以无须感官而发挥作用，掌控原质。（3.49）

　　专念善良能量和原人之差别，可以获得全知全能。（3.50）

　　专念刹那及其在时间中的连续，获得分辨的知识。这种知识可以区分两个极其相似的事物。（3.53—54）

　　这种分辨的知识具有极大的能力，可以理解各种对象。（3.55）

　　从上面所列的内容来看，帕坦伽利对瑜伽的力量描述非常全面，可以说极其罕见。

　　总体上，对于瑜伽行者而言，一条总的瑜伽原则就是不执。只需知道，这些力量只是自然三德的变化而已，它们是暂时的、变化的、必朽的，而非我们生命的自我本性。

第四十七讲
警惕那些声称拥有神奇力量的所谓行者

帕坦伽利在《瑜伽经》中把修习瑜伽带来的力量单独成篇，这值得关注。上一讲，我们也详细讲述了专念所带来的瑜伽力量究竟是什么。这里，我们讲一讲，我们瑜伽大众应该如何对待这些瑜伽的神奇之力量。

可以注意到，帕坦伽利的《瑜伽经》，他的第三篇"力量篇"主要涉及的是专注、冥想和三摩地，以及它们所带来的各种瑜伽的力量。而他的第二篇则讲述了瑜伽前五支"方法"，在这些瑜伽方法中，帕坦伽利并没有给我们描述这些方法所产生的神奇的瑜伽力量。

也许你立刻就会问，瑜伽八支的前五支不能带来瑜伽的力量吗？一般来说，它们不会带来瑜伽的神奇力量。但如果我们广义地说，字面上理解，那么任何一支都有可能激发所谓的"神奇力量"，关键是这些神奇的力量是什么。获得心的净化，是不是也是一种神奇的瑜伽力量？这就看你如何对待了。当然，在很大程度上，八支瑜伽的前五支服务于后三支，而后三支作为修习的方法则直接伴随着瑜伽的力量——
这些是可见的力量，而不是如净化心意这样的无形之力量。

那么，我们瑜伽大众究竟要如何看待这些瑜伽的神秘力
量呢？

首先，对于我们瑜伽大众，瑜伽的力量是一个未知的领
域。大部分的瑜伽修习者应该都没有真正见到过帕坦伽利所
描述的神奇力量。大家可能在书上看到过，如《一个瑜伽行
者的自传》之类的图书，也可能是某个教练、某个导师谈起
过，或者在网上看到这样的信息。但你问问他们本人是否见
证到了神奇的力量，说实在的，很难。我们今日的生活，处
在人工创造的世界里，更多时候生活在我们接受的瑜伽语言
之网中。这个语言之网，如果突出了一些神奇的力量，你就
容易接受它们。但一般来说并没有目击，没有见证，自己也
不具备。

其次，人们渴望拥有瑜伽的神奇力量。我们生活的世界，
在某种意义上来说平淡无奇。正因为如此，人们寻找神奇，内
心渴望神奇的力量。例如，有人特别关心外星人、不明飞行物
（UFO），就是很好的例子。可以说，在现代城市化背景下，
人们疏远了自然，更多地生活在自己编织的语言世界。

再次，人们寻求获得神奇力量的方法。神奇的力量来自
方方面面，而不仅仅在瑜伽中涉及。社会上，有不少渴望神
奇力量的人们，数量也在不断增加。在信息异常容易获得的
时代，在通信高度发达的时代，无形之中会有众多的群体关
注这些神奇力量。他们尝试寻找获得神奇力量的方法。这些
方法，五花八门。但能通过种种方法而获得真正的瑜伽之力

量的人应该寥寥无几。并且，市面上一些宣称具有神奇力量的人，大都是假行者，有的则是一种巧合。更多人则是活在神奇力量的观念中，而不是生活在拥有他们宣称的神奇力量中。对此，我们都需要警惕。

执着于瑜伽的神奇力量，则可能在神秘力量的寻求中堕落。在追求所谓的神秘力量中，在采用种种方法的实践中，由于心念的错误、由于无知，很容易就会走向错误的生命之路。神奇的瑜伽力量，属于物质自然的运行之显现，因为这些力量的神奇和强大，瑜伽行者很可能就会陷入真正的束缚，被物质自然本身牢牢束缚住而不能动弹。有瑜伽行者期望透过神奇的瑜伽力量去窥视更高的生命奥秘，甚至要掌控自然并获得"大能"以博得大名，而全然忘记了生命的目的。当他的德性不配拥有这种力量时，而强行去执着力量，基本上就会堕落。有的人连所谓神奇力量碰都没有碰到，就已经在有关神奇观念的世界里跌倒了。

我们需要正确理解瑜伽的神奇力量。根据帕坦伽利，通过专念确实会带来这些神奇的力量。但我们要时刻牢记我们生命的真正目的。如今，瑜伽对多数人而言，更多的是接近体育的一种运动，一种健身方式。这很好。我们瑜伽，无论是以三摩地为导向还是其他如健身等为导向，身体本身的健康都是重要的。没有健康、快乐的身体，就难以有更加高维度的追求。充分利用瑜伽所具有的健身功能，让瑜伽大众归于正常而自然的瑜伽力量之态度——瑜伽具有带给我们健康、明白、喜乐的力量。我们通过瑜伽的修习，把自己变得健康、明白和喜乐，不是一时的，而是长期让自己身体健康、明白和喜乐，这就是真正的瑜伽力量。因为，让自己保持健康、明白和喜乐，是非常了不起的，看似简单，但真的超级厉害了。我们可以把这三点作为瑜伽的镜子，照照自己、照照他人、照照教练、照照瑜伽大咖，你就会有自己的答案。

第四十八讲
要把握瑜伽，不要让瑜伽把握你

我们学习《瑜伽经》已经到了第三篇，大家有没有发现，为了更好地理解《瑜伽经》，除了我们开始时从字面上理解之外，更需要超越字面的浅层含义，放在瑜伽全部的背景里去深思。

有个印度学教授告诉我，理解帕坦伽利《瑜伽经》要比理解《薄伽梵歌》更困难一些。我问为什么？他说，《瑜伽经》的经文只有短短196节，很多内容根本没有展开论述，而《薄伽梵歌》会对某个主题反复地论述。不过，也有人告诉我说，《薄伽梵歌》中有着无数的思想奥秘，反映的是全部印度文明的基因，而《瑜伽经》是这基因的部分片段，突出表征了帕坦伽利的数论哲学瑜伽。

《瑜伽经》所依靠的哲学基础，帕坦伽利在经文中并没有系统论述，这给我们的理解增加了难度。太多人就是因为并不了解印度六派哲学的基本原理，只是按照字面直接去解释《瑜伽经》的经文，望文生义。如果能够事先研究，对数论哲学有基本的了解，则情况就会好很多。另外，帕坦伽利在论述诸如三摩地和瑜伽的力量的时候，不仅需要我们依赖深厚的哲学基础，而且还需要我们有一定的实修经验，不少内容是高度隐喻的，这也是印度的传统，他们善用隐喻和比喻等修辞手法，来表达那些难以用语言直白表达的精微内容。

要更好地理解《瑜伽经》，我们需要做好几个方面的工作。

第一，要有一个比较好的《瑜伽经》版本。千万不要相信全天下只有一个版本的解释是对的，其他都是错的。不同版本都有其合理的一面。但是，即便号称是最好的版本也会有瑕疵。一个人认为懂梵文，从梵文翻译或参考梵文注释就能完全抓住《瑜伽经》，这也是不正确的。如果认为懂梵文，就能翻译好《瑜伽经》，就能准确抓住《瑜伽经》的思想，那么，过往众多来自梵文的翻译并注释的版本之间就不会彼此矛盾了，大家也就不会看到有些翻译稍微分析一下就会发现问题所在。当我们把不同的译本放在一起的时候，就会发现它们之间存在的问题。要深入了解《瑜伽经》，读好的译本很重要，用比较的方法阅读不同的版本也很重要。为了把《瑜伽经》搞明白，也就是要把"帕坦伽利瑜伽"搞明白，我不仅收集了所能见到的《瑜伽经》的中文版，也收集了世界上最为重要的《瑜伽经》版本。在我完成有关《瑜伽经》的研究项目时，我手头就有23个质量上乘的版本。我投入大量的时间去研读和对比，深入背后的哲学，努力地去理解帕坦伽利瑜伽的原味。

第二，要好好了解《瑜伽经》背后的哲学。如果你只是希望把简单的体位当作健身的一种方式，那么，不了解《瑜伽经》的哲学没有关系。但是，如果你真的想要学习瑜伽、从瑜伽出发去管理你的生命、达成生命的目标，那么，你就需要真正了解其背后的哲学。如果你不了解它背后的哲学，不熟悉背后的语言系统，不了解背后的生命思想的逻辑，那么，你就很容易被文字本身所束缚，或者被不同译本的用词所限制，而难以真正理解什么才是帕坦伽利的瑜伽。

词是有语境的，不同的人对同一个词，理解是会有差异的，对于词的理解，我们很容易陷入帕坦伽利所说的五种波动之一：想象。人们基于自己的语境，对词做出很自然的理解。在课堂上，老师说了10分钟后，让学生们谈谈老师说的核心思想，大家的理解可能就大相径庭。为了更好地理解《瑜伽经》，我们不能拘泥字面的意思，而要去了解背后的哲学，首先主要是数论哲学。有些瑜伽人因为各种原因，并不熟悉数论哲学，对《瑜伽经》感到困惑是很自然的。例如，对帕坦伽利所说的自在天以及oṃ，太多人都存在误解。《瑜伽经》第三篇"力量篇"，很多的内容十分难以理解，如帕坦伽利说："专念于萨埵和原人之间的分别，便可全知全能。"（《瑜伽经》3.50）这就需要你对"萨埵""原人""全知全能"有个清晰的理解、正确的理解。否则，根本不知道这节经文在说什么。很多人觉得他/她的理解是正确的，但事实上，只是一种想象。

第三，需要有合适的导师指导。我们知道，帕坦伽利开创的是瑜伽派，瑜伽派是古代印度六派哲学之一。你要真正理解帕坦伽利的瑜伽，就需要了解这派的哲学，而这派的哲学和数论派哲学关系极其密切。如果你不擅长自学哲学，不擅长通过不同版本来理解《瑜伽经》，那么就需要一个好的导师来帮助你。学习改变认知和命运。如果你是认真的，你是认真地对待你自己的生命，那么我建议你认真严肃地找个好老师，千万不要以"随随便便的"瑜伽对待你自己宝贵的生命。好的导师，可以让你少走很多弯路，节约时间，提升哲学修养和修持境界。好的导师，是照亮你前行道路上的光。

第四，最好有一个可以学习交流沟通的群体。一个人自己学习很有意义，有导师指导学习非常重要，如果在学习的道路上，有几个同道或一群同道之人，那么你会发现，学习的效果会特别好，会形成良好的学习氛围，"即便不说话，看看，都能学到很多东西"。自己有疑惑，一沟通，问题很容易解决。而大家的分享和讨论，又会把问题深化。这样的互动空间，可以避免很多流于字面性的误解。

阅读和理解《瑜伽经》，是我们瑜伽人最基本的瑜伽行。但生命是第一位的，而不是瑜伽。生命要把握瑜伽，而不要被瑜伽把握我们的生命。要做到这一点，就需要我们深入持续地努力，而这就是瑜伽行。

第四十九讲
打破"时间之杖",身体完美喜悦生命

　　帕坦伽利说:"身体完美包括:美丽、优雅、有力量、坚如金刚。"(《瑜伽经》3.47)

　　大家看到这节经文时,是不是同我一样感到喜悦呢?帕坦伽利讲述了大量神奇的瑜伽力量,但这里说的身体完美非常具体,而丝毫没有什么神秘。美丽、优雅、有力量、坚如金刚,这些都是大家可以看见的瑜伽成效、生命的品质和力量。作为瑜伽大众,大概会对这节经文更感兴趣!因为我们都渴望拥有完美身体。

　　完美身体是我们瑜伽习练所必需的。帕坦伽利《瑜伽经》关注的生命的终极目标是三摩地,其本质是控制我们心的波动,手段主要是瑜伽八支,帕坦伽利的生命管理本身的逻辑非常清楚。也许人们困惑的是,通过他提供的修习方法达到最终的目标可以理解,但要通过这些方法让身体变得完美,就似乎不太容易理解和接受了。

　　在前面的讲座中,我们已经反复讲过"瑜伽的力量"。

我们已经知道，这些瑜伽的力量只是生命"途中的遇见"而已。但尽管只是遇见，身体完美依然是喜悦生命的，也是生命的喜悦。身体完美，是检验我们瑜伽的程度、瑜伽的成效一个可见的标志。帕坦伽利在这里给了我们明确的瑜伽承诺：瑜伽，能使人的身体变得完美！如果你觉得身体不够完美，不用灰心丧气。也有人可能对身体完美并不关心，而只关心是否达成了三摩地，比如，我们可以看到在印度有一些所谓的瑜伽大师，他们似乎根本不关心身体，甚至虐待身体，他们只关心"解脱"。但是，这是你需要的吗？请用你的左手摸着自己的胸口对自己说，我需要完美的身体吗？答案是肯定的。完美身体是我们瑜伽人都需要的！

那么，什么样的身体才是完美身体？帕坦伽利所说的完美身体具体包括四个方面：美丽、优雅、有力量、坚如金刚。

美丽，梵文rūpa，指的是形体，也可以理解为形体美、容貌好看。大家都说相由心生。确实，外在的美丽是内心美丽的外在显现。没有内心的安详，没有心意的约束，哪里会有外表的真正美丽呢？我们瑜伽人，一起身，一落座，散发出的是我们内心的安详、安静和和平，这种内心的śānti（平静、和平）就是身体真正的美丽。

优雅，梵文lāvaṇya，也可译为魅力、吸引力，瑜伽让我们变得有吸引力，因为生命散发出一种魅力。我们瑜伽人，一举手，一投足，散发出的是对生命自由的深深自信，散发出的是对生命的深深热爱，这种生命的气息，由内而外散发出来，这种力量成就人真正的优雅。

有力量，既是身体体力上的力量，也是内心精神的力量。经由瑜伽，我们获得了瑜伽的各种力量，但本质上，这种力量源于我们瑜伽行者对生命真相的认知，源于我们瑜伽行者对生命永恒的体认，这种体认或者生命的觉悟就是身体有力量。

坚如金刚，身体坚不可摧，像金刚一样。意志强大坚定，身体也表现出巨大的耐力。征服了心的波动，征服了私我的欲望，如深远厚重的海底，再没有任何波澜能够摧毁海底的沉寂和自在。生命打破了"时间之杖"，无惧痛苦和死亡，唯有自在和自由。这种身体完美，坚如金刚。

根本上，身体的完美来自瑜伽人内在的转变。"好看的身体千篇一律，有趣的灵魂万里挑一。"生命灵魂有趣才会带来好看的身体。我们很清楚，做一堆体位并不一定会达到帕坦伽利所说的身体完美，它要求我们走进真正的瑜伽殿堂。心性得到极大提升，身体充满强大的能量，感官得到长效的控制，这样的瑜伽行者魅力无限。生命，自信，自在，自由，任凭风吹雨打，我自稳定如磐石，从内到外散发出耀眼的光芒，照亮自己，也照亮世界，这是我们瑜伽行者的身体完美。

第五十讲
生命的本质不是三德

我们再来谈谈制感，可以掌控原质（三德）的高级制感。

帕坦伽利说："通过专念于认知过程、感官的本质、有我、三德的构成及其目的，从而可以达到对感官的掌控。这样，身体便获得像心意一样飞速移动的力量以及无须感官帮助而发挥作用的力量，并因此掌控原质。"（《瑜伽经》3.48，49）这里，帕坦伽利把对制感的认识和实践提高到了一个全新的高度，提高到了掌控原质（三德）的境界。

下面，我们具体看看这一专念的内容。

首先是认知过程。一般来说，认知指人们获得知识、应用知识的过程或信息加工的过程，包括：感觉、知觉、记忆、注意、表象、想象、思维等。感觉是通过感觉器官对事物的个别属性和特征的直接反映，如我们感觉色彩、声音、香臭、甜苦、软硬等。知觉是基于感觉对事物整体和相互联系的认识，要注意的是知觉是基于感性认识而来的，其基础是感觉。记忆是个体经验的积累和保存，并可以在大脑中重现。表象是头脑中重新呈现出以前的经验／经历的对象，想象是基于大脑中所储存的具体形象根据某些原则创造新的形象的一种心的波动过程，思维则是利用我们已有的经验和知识来进行推理、判断或决策。通过专念，我们可以知道，感觉、知觉、记忆、注意、表象、想象、思维等本身是外在于生命的，它只是一个认知过程，或者简单地说，它不过只是心的一个波动过程。而生命并不是一个认知的过程。

认知过程的基础是感官。那么，感官的本质究竟是什么呢？感官就是感觉器官，包括眼、耳、鼻、舌、身，它们是身体用来感受外界事物刺激的器官。眼睛是视觉，耳朵是听觉，鼻子是嗅觉，舌头是味觉，身体各个部位是触觉。感官的功能是感知，通过和外在对象的接触，感官得到刺激，就产生了感觉。有的感觉是快乐的，有的感觉是痛苦的。为何我们会感到痛苦或快乐？感官本身并不会感到快乐或痛苦，是感觉背后的感受者感觉到快乐或痛苦。有一个视频，内容有关空气污染、环境破坏所造成的诸多问题。对这同样的内容，不同人看了，身体的反应是不同的。有人熟视无睹、视而不见、毫无感觉。有人则会强烈地感觉到一种"痛苦"，觉得有责任关心环境，应该尽力去促进环境的改善。有人觉得环境还不错啊，还能生存。要知道，我们不是感官，不是感觉，不是感觉对象，不是感知过程。不可执着。

再来看看"有我"。有我，在帕坦伽利这里是asmitā，有时和我慢（ahaṁkāra）很难区分。我们暂时不区分它们之间的微妙差异。我们有感觉，感觉到痛苦和快乐，背后有个心意，是心意在感觉，这个心意背后有个大"老板"，就是

"有我"（有人也称之为"私我"），天天控制着心意。老板想干什么，就会启动工具或力量，即普拉那能量。心意面对感官对象，因为担心失去而痛苦，因为渴望太多而痛苦，因为执着而痛苦。但心意为何执着？是因为背后那个"老板"在执着。这个"老板"不执着，心意就不会执着。而对感官来说，心意是小"老板"，感官会顺从心意这个小"老板"，心意这个小"老板"则会听从"有我"这个大"老板"。我们知道，这个"有我"不是最终的，我们生命的自我不是这个"有我"。

三德的构成和目的是什么呢？三德非常奇妙，三德就是物质自然的三种呈现，既有属性上的意义，又有实体上的意义。三德就是萨埵（善良属性）能量、罗阇（激情属性）能量、答磨（愚昧属性）能量。三德思想是数论哲学中的基本思想，在《薄伽梵歌》中也有系统的论述。大致上说来，萨埵代表智性、善良、光明、轻盈、满足、宁静、专注、慈爱，给予平衡，我们常以善良来代表它；罗阇，代表精力、激情、力量、激进、改变、不满足、活跃、扰动、行动，带来欲望，引起不平衡，我们常以激情来表达它；答磨，代表物质、愚昧、迟钝、犹豫、消极、黑暗、不活跃、虚幻、毁灭，引起惰性，我们常以愚昧来代表它。

三德的运行是有规律的、遵照某些规则的。大致来说，善良之德对应于我们中国道家中的"阳"，愚昧之德对应于"阴"，激情之德对应于"阴阳相交"。帕坦伽利告诉我们，三德的存在是为了纯粹自我的缘故，即三德是为了原人的。换言之，三德是纯粹自我即原人的工具，为纯粹自我的自我觉知提供条件。三德和合，显现为具体的对象（所见），这些对象是为了纯粹自我（见者、原人）提供经验，并让它从中获得觉悟。（参见《瑜伽经》2.18）这个物质世界，其运行无法脱离三德，离开三德，这物质的世界就不再存在，但我们，生命的本质，并不是三德，也不是三德和合的显现，也就是说，我们不是愚昧的能量、激情的能量和善良的能量。

这节经文看似简单，但能让我们洞察瑜伽的奥秘。通过感官，我们认知／经验，但我们生命的本质不是认知、更不是感官。身体、心意是三德的，并不是我们真正的自我。我们的自我不是为了认知和三德的世界，认知和三德的世界是为了我们。经验到这一本质，获得了三德的秘密，就掌控了三德即原质的力量。

第五十一讲
拒绝力量的诱惑，坚定地走向独存

帕坦伽利说："不执着于这些力量，将摧毁束缚的种子，达到独存之境。"（《瑜伽经》3.51）

据说，尊者罗摩可以控制自己心脏的跳动。很多瑜伽士可能都具有某一方面的瑜伽的力量。但是，真正的瑜伽士不执这些力量，他们放下了这些神奇的瑜伽力量，拒绝享受这些力量所带来的所谓"荣耀"，拒绝接受大众的"崇拜"。瑜伽士们经验了这些力量，但不执它们，这时，他们就摧毁了束缚生命的种子，获得独存之境。

这些神奇的瑜伽力量是存在的，尽管我们很少见到。帕坦伽利说，我们不能执着它们。那么，什么叫作不执着瑜伽力量呢？有几种理解。

第一，我们根本就没有所谓的瑜伽的神奇力量，但我们需要明白，我们不能执着这些力量。有人认为，事实上这是不现实的，因为没有瑜伽的神奇力量，就没有资格谈论不要执着它们。只有拥有它们，才能谈论执着不执着。贫困潦倒的人，谈论放弃富有，会显得滑稽。不执，如果建立在"如果"之上，那是没有多少意义的。有人可能会辩护说，难道不可以做这种预备性的训练吗？这很好。在瑜伽习练中，时刻警惕神奇力量的出现，洞见这些力量的实质。这很好。

第二，我们拥有一点点所谓瑜伽的神奇力量，但我们主动放弃了这一点力量。你专注于自己的武功，努力修习，功力就会出现、就会不断增强。你努力修习专念，功夫用到一定深处，自然就会出现所谓瑜伽的神奇力量。瑜伽力量的出现，是一种自然的回应，本身并没有什么特别，也谈不上神奇，只不过对那些觉知水平较低、能量处在较低水平的人来说很神秘。神奇的力量本身是一个相对的概念。基于这样的理解，放弃瑜伽力量，把这些力量视为"恶"，在某种意义上，这是瑜伽没有学明白。

第三，我们真正拥有一点瑜伽的力量，但我们能做到不被这样的力量所迷惑。瑜伽行者拥有瑜伽的力量，但不张扬。这是功夫，但要获得很难。在瑜伽修习中，获得某些超越常人的"能力"，出现所谓的"力量"，人们为之高兴。有时，这种力量可以带来物质利益，拥有者容易受人崇拜，带来名声，达成一些普通人不能达成的目的，他们品尝着瑜伽力量之"滋味"，哪里能"拿得起，放得下"呢？所以，帕坦伽利要我们不要执着这些瑜伽的力量。

瑜伽士会受到各种诱惑，甚至受到"天神"的引诱。拥有瑜伽的力量，本身就是一场瑜伽的考验。瑜伽是一场朝内行走的冒险，在精微的能量层面，我们会遇到各种三德的可能，体验到各种神奇的力量。在瑜伽神话中，因陀罗就是一个喜欢恶作剧考验瑜伽士的天神。瑜伽士会遇到精微层的名色诱惑，一旦攀缘，一旦执着，就会被名色所束缚，从高高的瑜伽山上滚落下来，有的甚至粉身碎骨。帕坦伽利提醒不要执着力量，也不要为自己拥有这样的力量而骄傲。帕坦伽利说："受到天神的邀请时，瑜伽士既不要执着，也不要骄傲，因为他可能再次不受欢迎。"（《瑜伽经》3.52）一旦能量消耗，瑜伽力量也就下来了，也因此再次陷入无明。

　　我们讲了这么多，似乎和我们大多数人没有太多的关系，因为他们或许一生也不会遇到所谓瑜伽的神奇力量。但作为一种认知，我们需要了解。且在瑜伽的道路上，万一我们遇到这样的情形呢？这样的学习也就有意义了。对我们普通瑜伽行者，真正的意义就在于从中获得一种启迪：在瑜伽之路上，不管你遇到什么，你都不要执着，要知道自己不是那些执着的对象，不能依傍那些执着的对象。无论是什么，对象或者力量，本质上它们都是三德的显现，都是原质的戏法，正如辨喜说的，它们并不比梦更好。

第五十二讲
生命的真实身份是永恒的纯粹自我

我们在第二部分已经探讨了分辨的知识。这一讲我们继续探讨。"这种卓越的分辨知识是直觉性知识，能够同时在各种状态下理解各种对象。"（《瑜伽经》3.55）看清楚，在帕坦伽利看来，这一分辨的知识是一种直觉性知识，拥有分辨，就会理解各种状态下的对象，也就是理解三德自然。

"分辨的丢失是我们所犯的最大错误。"大瑜伽士辨喜如是说。分辨的知识是直觉性知识，就是一种分辨的能力，或者直觉知识的能力。这种分辨力、直觉力，不是考察对象的表象性质，而是一种更高维度的、分辨对象是否为真、为实、永恒的知识能力。

分辨或者直觉，首先在于生命的格局。格局大，生命的意识就放大了，就可以看见更大的世界，看见更精微的世界。在生命的进程中，有很多问题看不明白，总是犯这个错，那个错，是因为生命的格局还不够大。格局可以培养。瑜伽行，更需要生命的大格局。或许你看了一点瑜伽书就觉得自己明白了瑜伽，其实那是不够的。如果要在瑜伽的道路上走得更远，不仅需要根据不同的瑜伽之路去修习，更需要拓展自我，突破自我，扩大格局。

专念扩展了我们的意识，我们的觉知。觉知拓展了，从更高的维度去看待事物，即便没有很高的"智商"也会表现得更智慧。人们说，一个人厉害不厉害，有时不是取决于他的智商和个人能力，而是他登上了更高的平台。平台意味着世界，进入一个平台就是进入一个世界。平台越大、越高，看到的世界越大、越高。平台也可以说就是格局。当然，帕坦伽利这种通过专念修习而出现的格局，也就是直觉力、分辨力、分辨的知识，而且不能脱离其背后的哲学。真正让这个瑜伽的专念具备这一大格局的是哲学。也就是说，哲学提高了我们认知的维度，扩大了我们的觉知和意识。但是，对于哲学，如果只是单纯的知识的了解，或者只是概念的游戏，那是不行的。帕坦伽利说，要通过实践来证悟哲学。知行不能分离。

帕坦伽利所谈的这种分辨力、直觉力，基于他所主张的瑜伽的最高哲学，即原人是我们生命真正的自我，且唯有原人是不朽的、永恒的，是世上唯一的"独存者"。有思想家说，一种哲学能以其方式解释世界，做出判断，以其方式看清事物。相较于我们日常感到生活混乱的人来说，缺乏稳定的哲学主张，被自己的私我意识所局限，就会陷入执着性的生活。一种哲学，如果能让生命扩展觉知，扩大意识的格局，就是好哲学。当然，有一点是最基本的，私我意识的约束。一个人，能管好自己的私我，甚至把这个私我完全约束住了，就必然视野扩展，觉知提升，看清事物的真相，过一种没有痛苦和烦恼的生活，这就是分辨。

分辨力是觉知提升之后的结果，是格局扩大之后的结果。这种分辨力，直觉力的存在，表明瑜伽修习的必要性。作为一个瑜伽行者，不浪费自己宝贵的生命时光，就要考虑清楚，走向真正的瑜伽道路意味着什么。生命的管理，绝对不是随随便便可以做到的。所以，让我们安下心来，认真对待分辨，努力让自己在有限的时间内，以科学的方式获得这一能力。这一能力不是字面上说的，不是对任何事物、任何对象都有了知识的了解，而是有了独立的看法和认识。更重要的是，基于帕坦伽利瑜伽的基础哲学，这一分辨力、直觉力，会让你达成瑜伽的真正目标，即直接洞见生命的本质不是对象，不是由物质自然展示出来的某一个名相，生命的真实身份是永恒的纯粹自我。这就是最大的分辨力，是智慧中的智慧，分辨中的分辨，直觉中的直觉。

第五十三讲
练习决定一切

现在，我们来讲一讲普拉那能量。

有瑜伽导师说，帕坦伽利没有直接讨论过普拉那能量问题，甚至他的《瑜伽经》中都没有出现过这个概念。从哲学上说，普拉那能量在奥义书中有很多讨论，在《瑜伽经》中没有具体讨论。那么，《瑜伽经》中有没有涉及这方面内容呢？这取决于《瑜伽经》背后的哲学。

根据《瑜伽经》所持有的数论哲学，纯粹自我（真我、原人）和物质自然（原质）是二元的存在。这个物质自然（原质）没有展示的时候叫未显（Avyākṛta），显现的时候，展示为三德。三德包含了善良、激情和愚昧。这三种德性，也是三种能量。

普拉那能量和三德有关。有瑜伽士认为，普拉那能量主要和罗阇有关。这里，我们不讨论有关普拉那能量的争论。我们从瑜伽的修习上是肯定普拉那能量的。

在《瑜伽经》中，与普拉那有关的地方，如"或者，通过调节呼吸，使心平静。"（《瑜伽经》1.34）这里的"呼吸"和普拉那能量有关。另外，第二章的第49—51节，和普拉那能量有关。另外，帕坦伽利还明确了对平行气和下行气的专念（《瑜伽经》3.40—41）。平行气和下行气是普拉那能量的两种表现形式。或者，我们简单地说，普拉那能量与呼吸或调息有关。正如辨喜说的，普拉那能量最重要的展示就是我们的呼吸。从呼吸法或调息（prāṇāyāma）的字面意思看，就是对普拉那能量（prāṇa）的控制、延展、扩展。要直接控制普拉那能量很困难，但是我们可以从我们的呼吸入手，呼吸是容易控制的，通过控制呼吸，来控制普拉那能量。这是帕坦伽利《瑜伽经》中呼吸法即调息的真实含义。

我们也已经在不同的地方谈到了普拉那能量的五种展示形式，即五气：生命气、平行气、遍行气、上行气和下行气。我们也讨论了如何利用不同的呼吸法来调理普拉那能量。现在，我们结合瑜伽呼吸，和大家分享我对普拉那能量的经验。

首先，通过导引术感受我们自己的普拉那能量。如何感受自己的普拉那能量？我的方法是这样的：首先活动活动身体，放松，做7个自然呼吸，把注意力集中在下丹田。然后，两手掌相对，分开不要合掌，放松再放松，不要紧张，把注意力转移到两掌之间，自然呼吸，感受手掌间的微妙变化。可以让两手掌缓慢地拉开一点距离，然后再靠近，如此缓慢地进行若干次，细细感受手掌间的微妙变化，慢慢地感受到两个手掌之间的气感。之后，用一只手指对着另一手掌划圈，感受手掌上有一股气在划圈。也可以想象两个手掌抱着一个大气球，双手抱着这个气球，感受手掌之间微妙的变化。

　　我们也可以通过激活自己的脉轮来体验普拉那能量。脐轮和我们的生命维持能量关系密切。脐轮能量不足，就会缺乏活力，气色不好，带来多种身体疾病。提升脐轮能量对于健康是个关键。这里，我们提供一种简易的脐轮能量激活法（见下图）。

　　1. 饭后90分钟，可以站，可以坐，结苏磨手印，保持安静5分钟。

　　2. 两手抱球式，自然呼吸。

　　3. 想象脐区位置有一个气球，三分之一突出在身体外。双手隔空拍打突出在外的气球。

　　4. 感觉气球的反弹力，把手掌弹回的反弹力。（刚开始学习实践此法时，可用手指如蜻蜓点水般触碰脐区。）

　　5. 缓慢吸气，连续隔空拍打3—5次。

　　6. 静静住气，继续拍打3—5次。

　　7. 缓慢呼气，继续拍打3—5次。

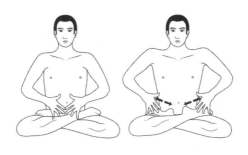

激活脐轮示意图

8. 再一次吸气，住气，呼气，期间隔空拍打同前。

9. 以"吸气—住气—呼气"的模式隔空拍打，7次为一轮，可连续做7轮。

10. 随着习练程度的提高，每次吸气、住气和呼气期间隔空拍打的次数可以逐渐增加。

11. 隔空拍打习惯之后，感受内在的能量，感受吸气、住气、呼气和隔空拍打融为一体。

在练习的初级阶段，可以不住气，而在吸气和呼气时连续隔空拍打。学习一段时间后，根据个体情况，练习住气。当然，也可以完全不住气，以感觉舒适为好。

这一方法，激活并强化两个劳宫轮（小脉轮）和脐轮（主要脉轮）的能量，调理和强化我们的平行气，改善我们的胃火。尤其是消化功能差的人，通过这一功法可以得到有效改善。

"认识你自己"，不是知识上的认识，而是亲自经验你自己，首先经验你自己的身体。瑜伽的练习，首先可以从身体开始，从感受自己的身体运作开始。我们可以控制我们的手和脚，也可以控制我们的眼睛、鼻子和嘴巴，但是我们不能控制我们的心脏跳动，不能感受我们血液的流动，不能感受我们神经的传导，我们已经忘记了如何控制我们的身体。身体是整体，其最基本的动力就是普拉那能量，普拉那是这具身体充满活力的根本所在。认识自己，就需要认识普拉那能量。练习，练习，还是练习，练习决定一切，仅仅只是阅读某本经典是不够的。

第五十四讲
照料生命，管理生命，终获自由之境

独存，是瑜伽行者的终极目标。帕坦伽利说："当善良之德（萨埵）如同真我（原人）一样纯粹时，就臻达独存之境。"（《瑜伽经》3.56）帕坦伽利瑜伽修行最基本的思路是改善德性，即通过瑜伽让我们的德性从愚昧之德（答磨）上升到激情之德（罗阇）、从激情之德上升到善良之德。因为，帕坦伽利瑜伽的三摩地只有基于善良之德才有可能。

我们已经谈论了不同类型的三摩地，基于愚昧之德的三摩地，基于激情之德的三摩地以及基于善良之德的三摩地。但帕坦伽利所追求的三摩地并不是基于前两种德性的三摩地。因为，这两种德性带来的三摩地是不稳定的，依然会心意扰动，不究竟。只有排除了愚昧和激情之德的三摩地，走向基于善良之德的三摩地，才有可能达到稳定的、觉悟性的三摩地，才能达到独存之圣境。帕坦伽利瑜伽实践的首先是道德性的实践，可以说是一种道德哲学。

那么，独存是什么？梵文kaivalya，字面意思是"独一性状态",也就是觉悟或开悟或三摩地的终极状态,在这个状态中,生命不再受任何由物质自然(原质)所显现出来的一切对象、境界等的束缚,原人恢复到他自身本原的状态,即自在、自由,并因为自由而无限和圆满。人们试图用很多词来表达,如纯粹的单一性、有觉知的分离状态、解放、自由、开悟、永恒的觉醒,等等。但这一最终的状态,任何语言也无法穷尽。我们只能去努力经验。

获得了独存的瑜伽行者如何在世俗中生存?瑜伽行者的三摩地状态,并不是持久的,仍会返回到日常的知觉状态。返回后,在日常知觉状态下,如何生活?为此,需要分析我们人的若干种状态,主要是愚昧之德主导的状态,激情之德主导的状态,善良之德主导的状态,基于善良之德的三摩地状态,以及超越了愚昧、激情、善良之德的独存状态。

这里,不用再讨论前面两个状态。我们从善良之德占主导的状态开始。这一德性占主导的人,是个善良的人,充满慈悲和爱,内心光明,感受到生命的喜乐,也是健康、洁净的人。和这样的人来往,你无须担心,无须防范,因为没有算计,却可以彼此关爱、支持和理解。

在瑜伽的道路上,培养、训练自己的德性,克服自己的愚昧、激情,转化,或者隔离愚昧、激情属性,并超越它们,摆脱愚昧和激情之德的限制,安住在善良之德中,这样的人继续努力,在禅定中,在专念中,进入三摩地状态中。罗摩克里希那,德性得到了真正彻底的净化,进入了善良之德的状态,随时可能进入三摩地中。

瑜伽行者继续前行,逐渐意识到自己不是这个躯体,自我不是自己的心意，不是自己的三德能量，也不是自己的智性，不是自己在对象世界感受到的二元性的快乐和痛苦，这时，分辨力升起了，物质自然造成的各种遮蔽消失了，他觉知到一道光，照亮了他的内部和外部。尽管他还有这具躯体，但他知道他不是这具身体的奴隶，不会被这具身体所束缚，而他本就是自由的。如果他一直处于这样的状态，他就是生前解脱者。这样的生前解脱者就处在独存之境。当他的肉身消失后，他就永处独存之境。这就是瑜伽修习的圆满之境，是帕坦伽利《瑜伽经》对人之生命管理的终极答案。

罗摩克里希那曾说，私我一死，所有的困扰就会结束。尽管他还住在这个身体里，但他无所畏惧。也就是，只要我们达到一个境界，就可以达到生命的圆满。因为阻碍我们生命圆满的是我们的私我，是一个假我，一切都是这个假我在捣鬼。当我们的假我展示为愚昧之德性时，我们个体和社会就表现出愚昧的一面；当我们的假我展示为激情之德性时，我们个体和社会就表现为激情的一面；当我们的假我展示为善良之德性时，我们个体和社会就表现为善良的一面。激情的状态比愚昧的状态好，善良的状态比激情的状态更好。但你一定要记住，愚昧、激情和善良这三种状态都是物质自然的展示状态，本质上都是一直在变化的、必然腐朽，它们都需要被约束、被转化、被超越。这就是瑜伽生命管理的意义所在。一个人达成了生命的管理，这非常好；一群人达成了生命的管理，这就更好；如果越来越多的人达成了生命的管理，这就最好。瑜伽对生命的管理，不但是个体的，而且是心怀一切的，众生的生命都要得到照料。

第四部分
Part Four

生命的圆满

第五十五讲
要成为瑜伽力量之主，
而不要被瑜伽力量反噬

　　我们已经讲解了《瑜伽经》的前三章。有学者认为，第四章并不是帕坦伽利亲自编撰的，而是后人增加的，原因是这一章的不少内容和前面的章节有重复。严格来说，前面三章已经完整地构成了帕坦伽利的瑜伽体系。我们不参与这些学术性的争论，但我们认为，第四章对前面章节已经提出的一些问题的认识更加深化，值得我们高度关注和阐发。

　　我们先来讲一讲瑜伽中获得瑜伽的力量所用的特别的方法。帕坦伽利说："特别的力量可能与生俱来，也可以通过药草、念诵曼陀罗、苦行和三摩地获得。"（《瑜伽经》4.1）

　　在本书第三部分的最后，我们详细谈论了专注、冥想和三摩地这一专念／总制带来的巨大的瑜伽力量。帕坦伽利告诉我们，只要不执着于这些力量，就会摧毁束缚的种子，征服潜在印迹，最终达到独存之境。这里，帕坦伽利再次提起瑜伽的力量的来源问题，他告诉我们，瑜伽的力量（悉达）

的来源有五种：天生拥有的力量，药草产生的力量，念诵曼陀罗带来的力量，苦行的力量，三摩地产生的力量。

天生的力量。不同物种来到世界上，天生就具备一些能力。如，小鸭子生下来就会游泳，而不会被淹死。刚生下的猴子和刚生下的小孩，在基因上的差别并不太大，但随着时间推移，猴子就是猴子，人就是人，差别一天比一天大。对于不同物种之间的力量、能力、禀赋的差异，瑜伽认为是由业力所决定的。同样，在同一物种之间，不同个体之间的差异可能会有天壤之别。有人天生就拥有非常神奇的力量。这方面，有很多传说。如，伟大的数论派的始祖迦毗罗天生就是一位伟大的悉达，拥有强大的思辨力量。除了天生的力量，还有来自后天的力量，如我们在《瑜伽经》第三章看到的通过专念产生的瑜伽的力量。这些力量，取决于我们对生命的管理和努力。

特殊的药草所产生的力量。毫无疑问，不同的药草具有不同的功能，可以疗愈某些特定的疾病，可以激活人体的潜能。如有的药草具有麻醉功能，使用它就能带来麻醉效果，身体的疼痛因为这一药草而暂时消失。有的药草，让人在幻象中获得平时感觉不到的体验。据说，有瑜伽士为了体验三摩地而采用致幻的草药。有的药草具有明显的养颜、提高免疫力的效果。也有的药草可以改善性功能，增强性能量。从阿育吠陀的角度看，这些就是可以改善人体奥伽斯（ojas）能量的药草。这都是药的力量。

念诵曼陀罗的力量。曼陀罗，mantra，也译为咒语或圣言，在东方具有非常特别的意义。人们相信，曼陀罗拥有强大的力量，反复念诵它们，那些神奇的力量就会升起。某些曼陀罗对人体和环境有特别的影响力，对人的心意有特别的影响力。还有人认为，曼陀罗的声音共振，甚至可以影响社会意识。有人相信，集体念诵曼陀罗可以产生更多的力量。在古代吠陀文献中，记载有某位大师发出诅咒而导致严重的后果。传说，八曲的父亲因为他那还在娘胎里的儿子即八曲"批评"自己而诅咒了他自己的儿子，结果八曲出生后身体八处变了形。阿育吠陀瑜伽中，也有利用曼陀罗进行身心的疗愈，通过不同的曼陀罗来改善身心健康状况，如风型体质的人念诵Ram曼陀罗就很好。这其实就是词语的力量。所以，瑜伽行者慎言。

苦行的力量。在古代印度苦行是普遍的。在《薄伽梵歌》里有克里希那对苦行的系统性理解。不过，人们主要还是强调一种身体上的苦行，如在雪地冰山忍受严寒。希瓦，就是一个苦行的典型。佛陀也是一个苦行的典型。苦行，在某种意义上，就是让我们专注于某一点。身体的苦行、行动的苦行、心意的苦行等都会带来力量。有时这种力量不是马上能见到，有时这种力量发挥作用的方式并不如你所想，但苦行会带来力量是可以肯定的。至于苦行能产生多大的力量，这取决于苦行的强度、苦行的时间长度、苦行的处境以及苦行的艺术。我们从事瑜伽，要有好的、健康的身体，要给人们提供更加科学有效的瑜伽指导，要能在瑜伽的道路上走远，也需要苦行。但苦行同样需要艺术，因为苦行不是虐待我们自身。

三摩地的力量。也可以说，三摩地就是"正确的瑜伽"。三摩地有很多种,不同的三摩地发挥不同的作用。瑜伽三摩地带来各种力量。我们已经看到通过专念带来的各种力量。但从瑜伽修持的最终目标来看,三摩地带来的力量可能会成为障碍。

各种"神奇"的瑜伽力量,都有其来源。但我们再次提醒,更重要的是不要被所谓的神奇的瑜伽力量束缚。我们都需要力量,瑜伽需要力量。但我们最好要成为力量之主,而非力量之奴,否则就会被这些力量反噬。

第五十六讲
瑜伽就是打开生命的闸门，让原质流动

这个世界为何是这个样子的？人们一直在探索关于这个世界万物的存在的知识，存在众多观点，有的观点被时间淘汰了，有的依然有人坚信。

第一种观点是神创论。神创论认为，宇宙、地球以及地球上的生物是由一位有智能的至高存在者即造物主创造出来的。传统神创论认为，全部的自然被神创造出来，目的是为了彰显这位造物主的荣耀。神创论在当今西方基督教世界十分流行，特别是一些大量的福音派基督徒仍然坚持神创论，反对诸如达尔文进化论。

第二种观点是智慧设计论。智慧设计论又叫目的论。这一理论认为，世界是由一个超自然的东西创造并设计出来的。也有人把这个世界理解为是一个游戏的世界，是一个游戏的程序。设计论也可能和神创论结合，认为世界是那位神给出的设计。

第三种观点是达尔文进化论。1859年，达尔文出版了

《物种起源》，系统地阐述了他的进化论。达尔文的进化论有两个重要论断：其一，物种是可变的，生物是进化的；其二，自然的选择是生物进化之动力。那个时代很多生物学家接受了达尔文的进化论，进化论成为生物学的基础。有关进化论的争论，并不在生物学家内部，而是在生物学家和基督教传教士之间进行的。如今，达尔文的进化论得到了发展，出现了现代综合进化论，如现代达尔文主义、新达尔文主义。

第四种观点就是吠陀生物进化论。帕坦伽利说："一种生命形态转变成为另一种生命形态，是因为原质的流动。"（《瑜伽经》4.2）这里，帕坦伽利说的一种生命形态转变为另一种生命形态，被视为是一种有关生物进化／变迁的理解。在这一讲，我们关注这一进化论。

那么，这种所谓的进化本质是什么？一种生命形态如何会变成另一种生命形态？

根据数论哲学，一个生命的存在包含两个部分，一是纯粹自我、真我、普鲁沙、原人、纯粹意识，这是不会改变的，永恒的；一是物质自然、原质，具有愚昧、激情和善良三种德性。万物的出现基于原质，即物质自然的自然演化。一个具体的物种或生物包含了纯粹自我（原人、真我）和物质自然（原质）。但一个具体的生物呈现何种样子，并不取决于纯粹自我，而是取决于物质自然（原质），因为纯粹自我是不变的，永恒的。

一个生物的具体形态是人，是狗、是猫、是猪、是鸟、是蚂蚁、是鱼，还是其他什么，取决于物质自然（原质）和纯粹自我（原人）的结合形式。物质自然（原质）可以处于不同的存在状态。从这意义上，可以说帕坦伽利不支持神创论，不支持智慧设计论，也有别于传统的达尔文进化论。大瑜伽士辨喜在注释这节经文时说："现代人提出进化的两个主要原因，即性别选择和适者生存，都是不充足的……进化的真实秘密就是早已存在于每个生物体中的完美性的显现。这种完美被阻碍了，而阻碍背后的无限潮汐（即完美）会不断挣扎着要显现自身。这些挣扎和竞争，只不过是我们无知的结果，因为我们不知道打开闸门让水流淌的正确方法。闸门之后的无尽潮汐必须要表达自身，而这就是所有显现的原因。"

我们可以从两个层面出发来思考进化问题。

第一，不同物种之间的进化。从一种物种到另一物种，帕坦伽利说是物质自然（原质）的流动。但不同物种之间并不会轻易流动，因为不同物种之间有很多"障碍"。然而，一旦障碍消除，物种之间就发生流动，或者说就出现了进化（其实，也包含退化）。

第二，同一种物种内部的进化。同一物种，看似一样，但其包含的物质自然（原质）是有差异的。就人来说，一个人的三德是有差异的，进化和退化都是存在的。当一个人生命质量提升了，成为更纯粹的人，这就意味着一种进化。当一个人生命的质量下降了，或者说堕落了，就如骂人猪狗不如，就是说这个人的德性堕落了，人退化了，下降到猪狗的层面。

进化是自然发生的，但很多因素会限制这种自然进化，在形式上会看到进化和退化。帕坦伽利说："农夫清除水渠里的障碍物以便让水自然流过；助因不会直接引起自然进化，它们只除去自然进化中的障碍。"（《瑜伽经》4.3）也即是，进化包含在一切生物之中，包含在我们每个人之中。人的生命在进化中会有很多障碍，这些障碍限制了进化。进化的动力也在每个人之中。农夫清理水渠以保证水渠通畅，各种瑜伽，行动瑜伽、智慧瑜伽、虔信瑜伽、胜王瑜伽、哈达瑜伽、曼陀罗瑜伽、昆达里尼瑜伽、拉亚瑜伽等，借助它们的帮助，清除进化途中的障碍，让物质自然（原质）流动，发生自然的进化。

当然，我们需要承认，人的自我净化途径多种多样，瑜伽是其中的一种。但是，对于我们生命的进化，瑜伽的实践十分重要。可以说，《瑜伽经》就是一套生命净化的完整模式，通过这一净化模式，生命就得以完成自然进化。

第五十七讲
改造、训练我们个体化的自我，
让光明穿透尘雾

帕坦伽利说："个体化的意识即心，源于有我。"
（《瑜伽经》4.4）

这节经文非常重要，它们揭示了一个天大的奥秘！

我们的存在，首先感受到的是个体化的"我"。正是这个个体化的"我"的感知，才使得我们自己感知到我们的存在、我们和他人的区别、我们自己的个体化特征。那么，我们的个体化的"我"的感知从何而来？帕坦伽利认为是"有我"。

关于"有我"，我们已经讨论过，很多时候我们比较难以区分这个"有我"和"我慢"。"有我"（asmita）是帕坦伽利自己造的一个词，在数论哲学中并不存在。但这个词和数论哲学中的"我慢"的意思差不多。在一般情况下，我们也不去严格区分它们。

现在，我们来研究一下三个概念：个体性的我（个体化的意识、心）、终极的纯粹意识（原人、真我）和有我。

个体性的我（个体化的意识）是多，是无限的多。只要稍微注意下，就可以明白，所谓个体性的我无处不在。这些个体性的我，有个体意识、社会意识、大地意识、宇宙意识、无限意识。从个体意识出发，会认同自己是这个身体，这个身体的感官，这个身体的不同组织，会认同自己这个心意，并通过心意认同各种对象和观念，会认同自己的能量、力量，认同自己的智力，更会认同自己的喜乐。也可能什么都可以放下，但对快乐的追求和认同不会放下。

个体性的我拥有社会意识，将自身认同于伟大的社会价值或观念，认同于某个意识形态、某个观念论。各种形式的社会认同包括：族群认同、民族认同、政治认同、信仰认同、真理认同，等等。

个体性的我拥有大地意识、宇宙意识、无限意识。他会和大地形成一种认同，把自己的存在和大地的存在认同起来。他因此会爱护地球，关注环保，追求一种大地母亲的意识。

同样，个体性的我也会认同宇宙，形成宇宙意识，在这一意识中，自己把自己和无限的宇宙紧密地结合起来，让自身的生命价值和宇宙的命运结合起来。类似地，个体性的我也会拥有无限的意识，认同无限意识、追求无限意识。在这一意识中，我和无限的至上者建立真正的关联。

终极的纯粹意识（原人、真我）是一，而不是多。根据数论瑜伽哲学，我们的纯粹意识是多，是单一的，不会混合的，就如莱布尼兹说的"单子"。跳出单一的纯粹意识（原人、真我），我们会说纯粹意识无限多，但就个体的纯粹意识（原人、真我）而言是"一"。数论哲学没有就众多的纯粹意识（原人、真我）相互之间的关系进行系统思考。这导致了吠檀多哲学对数论中这一概念的发展和融合。吠檀多认为，这些众多的纯粹意识（原人、真我）之间没有差异，它们在本质上是一样的，这样我们就引出了一个超越个体纯粹意识的绝对意识的观念。

绝对意识或者绝对的纯粹意识是所有完美的个体化的纯粹意识之统称，是总和，类似于吠檀多中的梵。个体化的纯粹意识（原人、真我）就对应于阿特曼（真我）。在吠檀多中，阿特曼（真我）和梵是同一的，从某种意义上说，阿特曼（真我）是无限之梵的碎片，是极限之点。

对这个问题我们不用争论。我们的问题是纯粹意识如何和无限的个体化的我发生了联结？帕坦伽利说，这个联结点就是"有我"，或者说"我慢"。"有我"是让万物呈现、让心活动的原因。"尽管心的活动多种多样，但那个最初的有我是它们的起因。"（《瑜伽经》4.5）

帕坦伽利告诉我们，个体性的我（心）不管有多少活动，不管有什么样的呈现，都有一个起因，这个起因就是"有我"。这个"有我"，有时也翻译成"私我""我慢"，它会构造一切事物，带来一切活动。正如辨喜所说的："有我就是质料，就是瑜伽士的这些被造的心意和被造的身体所使用的质料存在的精细状态。因此，当瑜伽士发现了这些（原质或三德）自然能量的秘密时，他就可以用被称为私我（我慢）的质料造出任意数量的身体或心意。"也就是，这个有我是现象世界的始作俑者，是让这个世界丰富多彩、无限复杂的创造者。没有这个"有我"，这个世界就无法想象。

对于这个"有我"本身，或许可以用更加现代的方式加以研究和探索。近代瑜伽大师、印度文化的复兴者罗摩克里希那的传统对这个"有我"或"我慢"有某种新认识。这一传统提出，"有我"可有两种，一是"不成熟的我"，另一是"成熟的我"。罗摩克里希那认为，我们无法排除"我"，也就是私我，或"有我"，或"我慢"，我们只能和"我"打交道，让这个"我"从"不成熟"走向"成熟"。其实，这一思想与在《数论颂》中提到的"我慢"的三大类型，即愚昧我慢、激情我慢和善良我慢有关。愚昧我慢是最糟糕的状态，会带来颠覆、摧毁和无知的状态，造成的也是痛苦、绝望、堕落、死亡性的结果。激情我慢则是竞争、冲突、执着性的，多数人在多数情况下都被激情我慢占据主导。愚昧我慢和激情我慢可以归于不成熟的"我"，善良我慢则带来慈爱、友善、光明、喜乐、洁净，在某种意义上归于成熟的"我"。

瑜伽修习，一般不能避免"有我""我慢""私我"，而是要通过不同的瑜伽方式让我们从"不成熟的我"走向"成熟的我"，或者说，通过瑜伽把我们从愚昧我慢和激情我慢带向善良我慢。本质上，帕坦伽利瑜伽的基本方法就是要把我们带向善良之德，也就是对"有我"进行训练、锻炼、改造、提升，让"有我"摆脱愚昧之德的束缚，摆脱激情之德的束缚，只有这样才有资格真正进入三摩地，并最终有资格、合格持久地处在三摩地中，最终过一种独存的完美生活。

　　当我们最终明白了个体性的我、有我和终极的纯粹意识之间的关系时，我们也就知道了修习瑜伽的用力所在：也就是最终让我们越过个体性的我，不被个体性的我（心）所遮蔽，要对这个心的来源进行改造、进行训练，控制心意的波动，拨开遮蔽在心上的迷雾，最终见到我们的原本身份，即那光明本身，那光辉灿烂的纯粹意识本身。

第五十八讲
不要让心意主宰我们，我们要主宰心意

我们的心（cittam）非常活跃，总是不停息，像猴子一样，总会出现各种各样的认同。也正因为这些认同，导致了心中存在各种潜在印迹。帕坦伽利说："在各种心中，只有经过冥想净化的心才能脱离潜在印迹。"（《瑜伽经》4.6）

在第一部分，我们已经讨论了心的各种波动，有的波动是痛苦的，有的并不痛苦。那么，这个心究竟是什么？有什么奥秘？

根据数论哲学，这个心包含菩提（buddhi）、心意（manas）、我慢（ahaṁkāra，类似帕坦伽利说的有我）。我们在本书的不同章节讨论了它们。这里，我们重点关注对心意的认识。

我们对我们的心意并不了解多少。我们不知道、心意也不知道如何有效地运用心意，就如小孩，不知道火和火的厉害，结果被火烧了、伤了、哭了。之所以会被火烧了、伤了，我们哭了，是因为不了解火的属性和功能。小孩不知

道水的厉害，下水玩耍，结果可能就淹死了，父母哭了。这谈不上小孩子有什么对错，只是小孩不知火和水的功能和厉害。心意也一样，我们不知道它的属性、功能和厉害，我们因之可能受益，也可能受害。正如《薄伽梵歌》说的，心意是朋友，也是敌人。心意是解脱之因，也是束缚之因。

　　我们也很少观察我们的心意。什么时候你曾经真正地观察过你自己的心意了？我们大部分人都没有观察过，更不用说仔细观察了。我们总是被心意牵着向前，眼、耳、鼻、舌、身，都在指挥我们，对我们发号施令。我们通过感官观察外在对象，一片蓝天、一座山、一匹马、一群鸭子、一栋房子、一辆卡车、一对恋人，鸟鸣、风声、水流声、隆隆的炮声、脚步声，温馨的玫瑰花香、浓郁的桂花香，鲜美的美食、甜苦辣酸涩的味道，柔软的泥土、坚硬的石板、烫手的土豆。通过感官感知，我们知道我们是感知者。我们不会因为闻不到香味而否定我们鼻子的感知。我们也可以观察我们的这些感知以及情感、情绪，我们这些感知而来的情感、情绪的变化，使我们知道我们是觉知者。我们可以和感情、情绪分开，知道我们是觉知的主人。

　　就如鼻子一样，心意也只是一个工具。我们的感官本身不是认知主体，我们用耳朵听，但耳朵只是我们听的工具，耳朵不是我们；我们用眼睛看，眼睛只是我们看的工具。耳朵和眼睛，是不是我们的认知主体呢？并不是，它们也只是心意认识外界的工具。这些感官有时被视为外在的心意。

　　心意和真正的觉知不一样。心包含了心意、智性和我慢。在我们冥想时，可以感知到我们不是一个一个飞舞的心意。觉知是普遍的，是遍在的，从你早上醒来到你晚上睡觉，它不是显在的，而是作为我们存在的背景，也就是作为目击者存在的。你睡觉的时候，这个觉知也同样作为背景而存在。有人说这个背景就是觉知，是不变的。我们每天做各种事情，看到各种东西，面对各种处境，它们只是在这个背景中呈现出来的表象。出现的这些表象都是短暂的、有限的、流变的，唯有这个背景始终存在，不离不弃。这个背景就是一个舞台，其他的都是舞台上的表演。你的觉知就是舞台，觉知到一切都是舞台上的表演。种种心意就是舞台上的表演。

心意具有原子般的特点。弗劳利说，我们可以注意到心意的结构具有原子性或点状性，它是由诸如思想、感觉、情感点构成，不是连贯的，而是点状的，快速的闪点。这个心意没有具体的形态和大小，它呈现出我们观察的对象之形状或大小，但它一般都是以一连串的注意点构成。我们说心意如原子，并不是说它就如原子一样存于时空中。它只是一种觉知目击到的东西。心散布于全身，意思是心意或注意力，可以出现在身体的任何一个地方。它并不固定在心里，也不在人们说的大脑里。心意是觉知的工具。据说，心意的这一特点，成了它自身的限制，即人只能一次把注意力集中在一个对象上。每个心意都是觉知的一个点，都是独特的。

心意具有运动的特点。你的种种念头时刻在变，不断产生，不断消失。它一会儿上天一会落地。你注意观察你自己在一个小时内的念头变化就会知道，极少有持续稳定的念头。念头不断出现，彼此无关的念头、冲突的念头，都会不断出现，不断消失。"心意不只是在运动中，心意就是其运动。没有运动，心意就不起作用。"①心的意识流只不过是精神活动连续的快速闪点。时间和空间的观念也都是来自心意的建构。心意始终不会安静下来，你也不能指望心意会安静下来。

心意是超级精微的。人们常说，要控制心意。但你试试看，你会发现，心意真是来无影去无踪，太精微了。心意具有力量，能运动，但你却找不到心意的形式。心意像风，不能直接观察，只能通过被心意影响过的现象来观察。例如，我喜欢你，这一心意不是可以直接看到的，但通过我对你喜欢的行为、语言的表达等就可知道。心意可被视为是物质的精微形式。

心意是二元性的。心意往往由不同程度交互作用的对立力量构成，一般都体现为二元对立的形态，如，喜欢—不喜欢、爱—恨，等等。我们的心中有了正面的东西，立马就会造出反面的东西来。例如，你对他说，不要打开盒子，里面有特别的东西，他心里却很想打开，甚至真的偷偷打开。当我们在说天堂的时候，就会有一个对立的地狱的概念出现。当我们说黑暗的时候，就会有一个对立的光明出来。我们会自动地创造出这些二元的对立。我们的心意往往就在这两个极端之间来回运动，也就是在无知和知识之间来回"奔波"。

① David Frawley, *Ayurveda and The Mind*, Twin Lakes: Lotus Press, 1999, p.53.

心意的控制很艰难。看到上面我们所讲心意的这些特点，就知道要把控这样的心意多么的艰难。人们辛苦地去控制自己，但始终难以成功。瑜伽就是要控制或约束心的波动，对我们普通人来说，主要就是控制或约束心意的波动。然而，控制或约束心意的波动往往让人悲伤，从而难以达成心意的平静。

瑜伽是一种特别的方式，只有真正明白了心意的奥秘，懂得如何有效把控心意，如何有效管理自己的心意，才有可能处理好我们和心意的真正关系。

帕坦伽利说，核心是通过冥想，让心意得到净化，进而让整个心得到净化。净化了的心才能够避免潜在印迹的羁绊。

第五十九讲
超越黑白，成为一位真正的瑜吉

帕坦伽利说："瑜伽士的业，既不是黑的，也不是白的。其他人的业则有三种：白的、黑的以及两者的混合。"（《瑜伽经》4.7）

我们已经在第二部分第五和第六讲集中讨论了有关业（karma）的理论。在这一讲，我们继续探讨业的思想。

帕坦伽利把业分为黑业、白业以及黑白混合业三类。把业分为黑业和白业，只是一种象征的说法。黑业，就是那些不好的业、邪恶的业、带来毁灭的业、让人走向黑暗的业。白业，就是那些好的业、善良的业、爱和关心的业、慈善的业、带来积极向上的业。黑白混合业，就是既能带来黑业，也会带来白业的思想和行动。我们可以观察我们的周围、我们自己的思想和行为，看看谁的行动是善的，好的，谁的行动是恶的，不善的。

这个世上没有人会脱离业。因为，业的字面含义就是行动、行为。世上之人，谁能不行动呢？没有人可以脱离行动。换言之，即便一个人没有具体的外在行动，只是心里想想，也就已经在行动，也就有了业。

瑜伽修习者要搞明白业的本质，明白业的运行机制，明白业对我们人生的影响。一个人既要关心业，也要关心如何处理业。在喜马拉雅山的瑜伽士中流传这么一句话："在夜里，有三个人几乎可以不睡觉，他们是：瑜吉（yogi，瑜伽士）、薄吉（bhogi，享乐者）和罗吉（rogi，病人）。"[①]瑜吉，因为持续地从事瑜伽修持而不睡觉；薄吉，因为沉迷于物质享受、一直取悦感官而不睡觉；罗吉，曾经是薄吉，因为过分的感官享受而遭受难以忍受的疼痛而无法睡觉。薄吉的感官享受，是一种业，这种业让薄吉变成了罗吉，成了病人。这就是业的作用。而瑜吉的行动，本质上超越业，没有业的束缚。瑜伽的本质，就是要超越业的束缚，不受业的束缚，也不受潜在业力的羁绊，最终达到自由之境。

从业和三德德性的关系来看，不同的业对应着不同的德性。

第一，黑业（vikarma）对应愚昧属性；

第二，白业（karma）对应善良属性；

第三，黑白混合之业对应激情属性；

第四，超越黑白之业。

原质包含三德，包含着善良、激情和愚昧的德性。从精神性上说，愚昧之德是一种否定性、消极性、摧毁性的能

---

①　[印] 马赫什·帕布著，王志成、曹政译：《吠陀智慧》，四川人民出版社，2018年，第89—90页。

量，当一个人被愚昧之德主宰时，就可能变得堕落、暴力、嫉恨、不道德、违背公认的权威，极度自私自利。为愚昧之德所主宰，会给社会带来破坏、给他人带来暴力和黑暗。一个社会，难免有极度的愚昧之人。成了极度愚昧之人，这是他的过往行为（业）所带来的结果。有时，因为这种过往行为过于强烈，留下了明显的印迹，在现实生活中必然会表现出来。这样的愚昧者在正常情况下，一定会继续被过往的业力所束缚，会走向同样的黑业。这样的人一生不会幸福。如果因为一个机会，获得良好的教育或遭受生活的磨砺，特别是在某种特别的机缘下遇到对应的知识、导师，则有可能扭转乾坤，否则只能一直在黑业中打转。

当一个人过往的行为遵循权威的规范，没有卷入自私性的身、口、意上的业，他在现实生活中也基本上会遵循具有善的美德和规范，具有种种美好的道德素养，如慈悲、关爱、喜乐、洁净、自律、包容。这样的人，在善良之德的主宰之下，不会行恶，不会害人，不会做破坏自然的事，也不会做一些对社会、他人和自己有害的事。这样的人，身体健康、精力充沛、充满喜乐、服务众生。古今中外，都有这样的人。善的行为必然带来善的果实。根据传统的瑜伽思想，他们将会获得一个好的业的报应，不会陷入痛苦和罪恶，然而他们并没有解脱，依然要面临人生的轮回命运。

现实中，一个人往往不是只行善或行恶，不是非白即黑，而是黑白相混，有时所作所为是善的，有时是恶的，有时善占了主导，有时恶占了主导。有的善是小善，有的恶是小恶。人的一生由无数的小善和小恶构成。我们的思想、观念、行动，并不总是统一的、一致的，而且经常出现波动。我们回首往事，可以看到，生活充满了欢乐，也不时充斥着悲伤。我们有慈悲为怀的时候，也有各啬自私的时候，有喜乐服务的时候，也有算计逃避甚至排斥的时候。社会规范和教育努力把人们朝善良之德引导，但同时也伴随激情之德的培养。社会充满各种作品，大多是激情之德的表达。在这样的背景下成长起来的我们，自然会处在黑白相混的业中，一生奔波，也只能过一种轮回性的生活。

同样在这个社会中，有的人却具有极高的德性，他们一般处于善良之德的状态。但你也会发现，经过一段时间的努力，他们会超越善恶二元，他们的行动是没有业的（非业，akarma）。《薄伽梵歌》把这种不会带来业的行动叫作niṣkāma karma（通常也翻译为无私的行动）。人们达到这样的境界是在现实的生活中完成的。《瑜伽经》告诉我们，要通过瑜伽八支去完成，通过外支，让我们的德性变得更加善良（sattva），通过专念让我们进入三摩地，最终通过分辨的智慧超越善良之德，达到原人（真我、普鲁沙）和原质（物质自然）的分离。一旦具备了分辨力，人们也就自然超越了愚昧、激情和善良之德的限制，其行为也不再会出现新的潜在印迹，他就成了真正的瑜伽士。

第六十讲
没有抽象的永恒习性，只有具体的永恒习性

习性（vāsanā，熏习，习气）在瑜伽哲学中是一个重要概念。瑜伽修习，也是一个改变我们的习性、消除我们习性的过程。

然而，我们对习性的认识并不完整，也不够清晰。帕坦伽利在《瑜伽经》中连续用了四节经文探讨习性问题。

一般情况下，我们把习性解释为长期在某种自然条件或者社会环境下所养成的习惯、特性。《北史·儒林传序》中就有"夫帝王子孙，习性骄逸"的说法。但瑜伽对习性的认识，要远胜于这样的理解。

第一，如帕坦伽利所说："由这三种业所产生的习性，只有在条件合适时才显现出来。"（《瑜伽经》4.8）

三种业就是前面讲过的黑业、白业和黑白混合业。不管是什么业，都会在心意中留下印迹，这些印迹多了、重了、强了，就成了习性。一片草地，人们在上面行走，会留下一点印迹。这草地不会因为一次行走而留下很深的印迹，但人

们不断地在上面走，最后就会留下一条深深的印迹——一条路就出现了。草地上本来没有"路"，人们在上面走得多了，就有了路。还有一种路，把草地上的某一段的草拔掉，被拔的那一段就成了路。

潜在的印迹会留在心里面。但它们不一定显现出来。辨喜对此做了分析，他说："假设，我做了三种业，善的、恶的和混合的。同时假设，我死了并成了天堂的神。神身体中的欲望与人身体中的欲望并不相同，神不用吃不用喝。我过去的那些还未起效的、其业果是渴望吃喝的业报，会变成什么呢？当我成了神，这些业哪里去了呢？答案是，那些业只会在合适的环境或者条件中显现出来。只有当环境或者条件适合时，那些业报才会显现出来；其余的都被储存了起来了。在这一世，我们有许多神性需求、人性需求和许多动物性需求。如果我进入神的身体，只有神性需求会显现出来，因为对它们来说，这个环境才是合适的。而如果我进入动物的身体，只有动物性需求会显现出来，而神性需求就会暂时等待着。这表明了什么呢？这就表明了，控制了环境，就可以控制这些欲望（习性）。只有符合环境、适合环境的业才会显现出来。这就表明了环境的力量足以强力控制业报本身。"[①]

第二，习性具有内在的连贯性。"由于记忆和潜在印迹在形态上是一样的，即使被出生、地点和时间所区分，它们之间也有一种连续的关系。"（《瑜伽经》4.9）

---

① ［印］斯瓦米·辨喜著，曹政译：《胜王瑜伽》，商务印书馆，2019年，第219—220页。

一旦这些印迹多了就成了难以消失的印迹，它们会储存在我们之中。当条件成熟、时机到了，它们就会"醒过来"，这些醒过来的印迹就叫记忆。当然，记忆还包含了已经成了印迹的过去经验和现在有意识的行为这两者之间无意识的协调。人的潜在印迹可能被出生、地点和时间分开，然而，潜在印迹依然会连续下去。这里的出生包含不同的出生，这次可能成为人，下次可能成为其他生物。如果成了某种其他生物，原有的潜在印迹就被储存起来而不会显现。尽管有不同的出生，有着时空限制，但潜在的印迹依然储存着。可以说，无论是出生、时间，还是空间，都无法阻止潜在印迹的内在连贯性。出生、时间和空间只是遮蔽物，这些遮蔽物无法将遮蔽物背后的潜在印迹移除，印迹包含着其自身的连贯性。正因为如此，我们不要想当然地认为可以通过一些方式回避那些潜在印迹。如果我们的思想和行为，身、口、意的活动都是善的、恶的、善恶相混的，我们是不能避免这些潜在印迹的，不能避免潜在印迹对我们的影响。如前所说，环境会控制潜在印迹发生影响，但不能消除潜在印迹。只要留下了潜在印迹，就会发挥作用。因果之间必有联结。

第三，习性和生存欲望共存。"由于生存的欲望是永恒的，习性没有开端。"（《瑜伽经》4.10）

习性中包含着因果的奥秘。人们常说，江山易改，本性难移。这里的秉性就是一种习性。有人修习很深了，甚至都做了精神导师了，但还是有可能留下某些习性，有的习性可能并不很好。帕坦伽利说，作为生物体具有生存的欲望，这种生存的欲望对生物体来说是永恒的。换言之，只要是生物，就具有生存的欲望。而一旦保留了生存的欲望，生物体的所作所为就会包含善的、恶的和善恶相混的行为。只要有这样的行为，就必然产生相应的业。产生了业就必然有相应的印迹。只要生存欲望不终止，习性就一定存在。帕坦伽利说习性没有开端。说的就是，因为我们无法追究生存欲望的起源，也就是因为我们不知道我们何时开始生存的，所以我们就不知道生存这个习性的开端。

第四，摧毁习性的条件。"习性是由原因、结果、基础、对象结合在一起而形成的。如果这些全部消除，习性便被摧毁。"（《瑜伽经》4.11）

尽管生存的习性是"永恒的""无开端的"，但有没有可能给予"高维打击"？就是说，在一个更高的维度上来控制和消除这个所谓永恒的习性？有人说，既然是永恒的，就是无条件的。其实，当我们在说永恒的时候，还是有条件的。"永恒性"在不同的系统中谈论才有意义。例如，我们说规律是永恒的。其实规律本身的存在是有条件的，只要这个条件存在，规律就必然存在。没有抽象的永恒规律，只有具体的"永恒规律"。作为永恒的习性也是一样的。帕坦伽利说，习性的存在是基于原因、结果、基础和对象之结合。那么，原因、结果、基础和对象，这几个因素是什么呢？

第一，原因：无知（无明）。因为无知，让我们陷入永无止境的生死之地。无知是习性的总根源。

第二，结果：业。包含了善业（白业）、恶业（黑业）和善恶混合业（黑白相混的业，有时叫灰业）。

第三，基础：心，或者说心质。心就如一个巨大的仓库，储存着所有的印迹和潜在印迹。

第四，对象：刺激心并形成心的波动的各种内外对象。

这四个因素彼此联结，难以分开。离开它们任何一个，习性就不起作用。没有原因，自然就没有结果。有原因，就有结果，但还需要一个基础储存习性。而要让习性的作用发挥出来，离不开对象的刺激。对象刺激不存在，习性还是会储存在我们中。也即是，只要无知存在，习性就跑不掉，且迟早会显露。但当我们消除了上述四个因素时，习性就会彻底拔掉。在这四个因素中，最关键的是无知。只有消除了无知，才能从根源上消除习性。通过专念，瑜伽的修习让我们获得分辨的智慧，而这种分辨的智慧会消除无知，消除了无知，最终就会瓦解习性。正是在消除无知的意义上，我们可以说超越了永恒的习性，即，用知识这一高维的智慧摧毁"无知"这一导致习性存在的前提。

大瑜伽士佛陀开悟后曾说：生死已断，梵行已成，所作已办，不再往生。这一开悟的状态，就断了习性之源，也如烧焦了的种子不再发芽。

第六十一讲
时间，从哪里开始取决于你的我

　　时间是个千年难解之谜。但是，帕坦伽利说："过去和未来是实际存在的，因为根据它们的特征展示的时间，只是不同于现在。"（《瑜伽经》4.12）

　　古老的《圣经》说，上主用了六天时间创造了这个世界，第七天休息了。然而，令人困惑的是，第一天创造了天地，创造了昼夜，有晚上，有早晨，这个第一天的内容还没有创造好，就已经采用第一天这个观念了。人们把七天创造天地万物的一切视为一个神话故事。但它开启了一个有关时间的重大问题。

　　在西方传统文化中，时间是线性的，有起点，并通向一个最后的终点，即天国。有阿尔法，有欧米伽。这个阿尔法是时间的起点，欧米伽是时间的终点。时间就如打开的一幅有方向的画卷，历史就是这个画卷。人类在这个画卷中存在。人的意义就在于沿着这一画卷的方向前行。这个画卷是一个连贯的舞台，我们在舞台上表演一段时间，然后结束。

根据西方传统，在极其有限的个体时间内，需要把握好自己，不能堕落下去，否则到了时间的终点即欧米伽点，我们就没有好的结局，会面对地狱之苦。如果在这一有限的时间内能保持信心，约束自己，不犯大罪，就会获得恩典，生活在新天新地。这是西方的传统。在这一传统中，因为时间是有始有终的，也即时间是有限的，时间就给人们带来了一种极大的紧迫感。因为，人是一次性的，失去了这一次性的机会，就会遭受无尽的悲伤和痛苦。

而东方的传统与西方的传统不同，对于东方传统，时间是循环的，人们不太会感到生活在极端的时间紧迫感中。尽管佛法、吠檀多等都强调人身难得，人的身体只能存在一小段时间，但因为东方文化中并没有线性的时间观——即时间有一个起点，有一个终点——也就没有那么强烈的紧迫感。对于东方，时间是循环的。也就是，生命在潜能上有无数次的人身的机会。作为个体自身，既可以重视这一生，把时间看得很重，同时也不会给自己一个特别恐怖的时间结束压力。对于东方传统，人，在某个时候能够抵达什么地方，很大程度上取决于这个人自身的潜在业力以及后天的修持。

普通人接受的时间观是混乱的或者不固定的。在日常安排上，我们接受线性的时间观，或者说传统物理学意义上的时间观。在个人生活中，我们更强调时间的主观性、经验性。我们会感叹人生如梦，或感到度日如年，或会经验一晃而过、时不我待。和喜欢的人在一起，时间过得很快；如果在做一件极其不情愿的事，你会觉得时钟拨动得超慢；在等候迫切需要的东西时，你觉得每一秒都需要很长时间才能过去；而当你到了50岁，似乎每日、每周、每月、每年都过得越来越快。这就是时间的主观性、经验性。

神话的时间也可被视为死神。任何人在这个世上的存在都是有限的，我们不知道何时就结束了我们的生活。作为死神的时间观念，对人们具有警示作用。为了避免死神的惩罚，就需要珍惜时间，需要警觉和精进。

在4.12这节经文里，帕坦伽利并没有具体地探讨时间的观念，而是给出了明确的时间观念，也就是他对过去、对未来的时间看法。他认为，过去和未来是实际存在的，也就是，时间是一个连贯的进程。过去，就是曾经存在过的，未来是还不存在的。过去和未来，作为一种实际存在，和现在一样都是实际存在的。

但他又说，过去和未来的实际存在和现在的实际存在是有差异的。这就需要我们搞明白：过去和未来的实际存在有什么区别，过去和现在有什么区别，现在和未来有什么区别。总体上，过去、未来和现在的区别是基于它们的特征。

由于时间分成了三段，过去，现在和未来，暗示着一个整体被分成了三个部分。过去的，就是已经不再返回，已经经过的，就如画卷已经打开的部分。作为过去的部分，就是对时间的分割，在那部分，作为存在的一切都已经被限定了。有限性就是时间的一个基本特点。

过去和未来，一个在前，一个在后，它们分属两个部分。在人那里，过去就成了记忆，未来成了期待和盼望。

过去是基于现在来说的。现在是一个点或一个域。在这个点之前或这个域之前，就是过去。过去的存在，作为一个过程，就是过去时间的存在。

未来也是基于现在来说的。未来是一个点或一个域。在这个点之前或这个域到来之前，就是未来。未来的存在，作为一个过程，就是未来时间的存在。

放眼整个过程，过去、现在和未来都是相对的概念。作为一个过程，所谓的古今，所谓的现在和未来，都是相对的。这个相对性是基于"我"。这个我是一个"轴"。基于这个"轴"而分出过去、现在和未来。这个"我"是什么？

在帕坦伽利这里，这个"我"就是"有我"。在数论中，这个我可被视为"愚昧我慢""激情我慢"或"善良我慢"。在普通人那里，这个"我"就是他们所认可的"自我"，就是"小我"。

我们谈过去和未来，是基于我们的这个"我"，以我们的这个"我"为分界点。这个"我"已经经历过、体验过的就是"过去"。这个"我"还没有经历过、体验过的就是"未来"。这个"我"正在经历的、体验的就是"现在"。过去、现在和未来，尽管是分开的，但必须知道这是一个相对的概念。不存在一个固定的"过去""现在"和"未来"。事实上，我们在不断地转变"过去""现在"和"未来"的概念。

过去的实际存在，未来的实际存在，其特征自然和现在的实际存在不同。从潜在的印迹这个角度说，过去的就是已经存在的，它们在当下可以通过记忆的形式呈现出来，并发挥作用。未来的还没有出现，但过去的潜在印迹，有的会影响现在，有的影响未来。

　　不同文化传统对时间的认识并不一样，对于我们的经验也不一样。帕坦伽利对时间的认识非常通透，过去、现在和未来的差异只是基于一个"我"，只要这个"我"存在，就会有相应的过去、现在和未来。而这些过去、现在和未来的一切又源于什么呢？这是下一讲需要解释的。

第六十二讲
生命，还是不要期待种子在冬天发芽

万物都存在于时间中，在时间中显现，那些还没有显现的也在时间中。帕坦伽利说："不管是显现的还是未显的，这些特征都属于三德。"（《瑜伽经》4.13）

万物的显现和未显皆有时间。万物出现有时，万物消失有时。你看，春天花开了，夏天植物生长，秋天果实成熟，冬天万物收藏。事物不断显现，似乎有序地排队登上时间的舞台。自然万物的显现，依赖于时间的节律、能量的节律。不要期待冬天的种子发芽。

或许，作为生命的你的呈现是因为你的业果成熟。你的呈现是因为你的渴望得以达成。我们都渴望成功，但成功这一显现往往基于大量的未显。为了成功，需要大量预备，需要持续努力，需要无尽奔波。然而，在这个时代，我们发现，存在的显现之条件可以被改变。不存在的条件，因为技术的力量，都可以存在。不会出现的事物，因为技术的力量而显现。万物的显现都有时，如今我们知道很多的"时"，不再是自然之"时",而是人工操纵之"时"。但是,这也只是一种共业。

显现和未显的界限,从不可动摇到可以被改变。过去的存在已经显现,未来的存在还未显。一颗种子春天种下,然后长出,然后期待秋天的丰收。但这个世界已经越来越非"自然化",而是越来越"人化"。事物在不该出现时也会出现,就如秋天的丰收在夏天就可取得。随着人化的技术发展,很多事物已经不再依赖原有的自然节律。本来不能怀孕的夫妇,现在可以人工受孕。过去不能治愈的疾病,现在甚至可以轻松治愈。技术的进步"打断"了过去不曾想过的显现和未显的进程。但这也是一种共业。

在当下这个时代,我们看到了更多人为改变未显和显现的可能。宇宙的奥义,世界的奥义,生命的奥义,在不断地被重新解读和定义。对于未显和显现的理解,增加了一个越来越重要的维度——人的维度。以前,我们谈论显现和未显可以不谈人的因素,可以不谈人的干预和改变,如今,我们再也无法回避。正如哲学家潘尼卡(Raimon Panikkar,1918—2010)说的,以前我们看世界可能只看到"宇宙维度"或者"神的维度",如今我们必须更多地看到人的维度。于是,他提出了一种"宇宙—神—人共融"的直觉观。生命是重要的。离开人的维度,一切都难以理解。

在这个世界上,因为人的维度极度发展,我们正在进入一个技术统治的时代,不确定性正在增加。在人和世界的关系中,人几乎还没有预备好就已经进入了一个人可以肆意发挥作用的世界。因为还没有预备好,也难以预备,这个世界的不确定性更加大了。人和自然、人和人、人和神圣者之间的关系面临全新的挑战。但是，生命的本质不会改变。

从自然的显现和未显，到严重受人制约的显现和未显，都源于三德的力量。在传统数论中，谈论显现和未显具有相当的客观性。同时，我们可以知道它们背后的力量，即潜在印迹是如何发挥它们的作用的。我们知道，它源于三德本身的力量。善良、激情和愚昧，这三种能量存在的形式，具有无比复杂的运行机制。

以前，我们谈到自然显现和未显，主要是从"客观"的立场、自然演绎的角度去理解。过去的行为带来潜在业力，在现在或未来发生作用。只是在这个过程中，有一个例外，那就是，人可以通过修行来改变自身的潜在印迹，通过净化心意而达到消除潜在印迹对当下的影响。

过去的一切显现和未显，都是因为三德的力量所起的作用。三德的力量，既有大尺度意义上的影响，也有个体层面小尺度的影响。在大尺度意义上，我们必须服从三德的运行。在个体层面，我们同样被三德所主宰。《薄伽梵歌》把人视为三德的木偶，即人是不自由的，人人都被善良、激情和愚昧这三种能量形式所控制。

随着科学和技术的发展，人类对人体、对自然、对社会、对世界的干预和控制力越来越强。对人体DNA的干预、对原子的干预等，已经远远超越了自然的节律，这个世界已经不是单纯地基于自然的节律运行了。以前，世界是三德的自然运行并具有其自身的节律，如今人这一存在已经对三德自身的运行机制产生了极大的控制力。尽管一切都是三德的运行结果，但三德的运行在科学和技术高度发展的背景下，已经不是纯粹自然的，不是依据自然节律运行的。科学和技术的发展，在某种意义上让人获得了极大的自由。但是，归根结底，科技也是世界共业的一种。

在这样的背景下，人更有可能、更有力量通过自身的努力让人自身不再成为三德的木偶。那就是通过各种形式的修习。通过修习，净化心意，改变对世界的觉知，消除我慢的干扰，摆脱物质自然的限制。最终达到帕坦伽利所说的"独存"之圣境。

如今，人类走向成熟，人这一维度的影响在迅速扩大。人的技术正改变这世界的格局，世界和人类也被技术重新塑造，新的秩序正在形成。未来的人什么样？我们似乎很难给出明确的回答。但越来越明确的是，人越来越有能力摆脱物质自然即三德的局限，并可能通过人为干预，改变人的潜在业力。我们原先需要千百年才可抵达的人生目标，如今可能是"分分钟的事"了。以前做不到的，现在轻而易举。这意味着一个个的"新人"可以不再通过传统的修习之路来达成。但是，我们再强调一下，纯粹的生命，在任何时候，其本质都没有改变。这是我们需要坚持的生命观。

第六十三讲
无论好坏，陶罐都是泥土

　　一切源于三德，万物变动不居，它们具有内在的一致性吗？帕坦伽利说："事物的实在性是由于三德转变的一致性。"（《瑜伽经》4.14）

　　关于世界的建构，吠檀多和数论有很大的差别，但吠檀多的世界之演绎受到数论哲学的启发。我们这里暂且不谈吠檀多的世界之建构观，而是来深度地剖析一下数论哲学的世界之建构观，因为帕坦伽利的瑜伽主要是接受了数论哲学的世界建构观。

　　世界的基石是原质（物质自然）。数论哲学认为，世界所存在的一切有两种永恒的实体：一是原人（纯粹自我、真我、纯粹意识、普鲁沙），一是原质（物质自然）。可见，数论哲学是二元论的。原人不会变动，原人是永恒的，但原人的数量有很多，无限多。而原质只有一个，但原质的本质是运动，会演绎，宇宙的万物就源于原质的演绎。

　　关于世界演绎的基本模式，数论认为，最初的原质没有显现，叫未显。这个未显由三德构成，即萨埵（善良）、罗阇（激情）和答磨（愚昧），所谓三德就是三种德性，但也代表三个部分，我们可以理解为三种有差异的能量。未显和三德是一体两面的。三德寂静之时就叫未显，未显扰动时三德就呈现出来。未显，有些类似于寂静的太极，太极动阴阳出。中国的传统阴阳是两维，纯阳和纯阴是两端，大部分情况则是阴中有阳，阳中有阴，阴阳交错。纯阳类似于三德中的萨埵（善良），纯阴类似于三德中的答磨（愚昧），大部分情况下则是阴阳交错，类似于罗阇（激情）。

原质扰动三德呈现，首先演化出大（Mahat）或菩提（Buddhi），是宇宙智性。这个"大"继续演绎出"我慢"（Ahaṃkāra），即"我—意识"。这个我慢具有三个维度：萨埵（善良）、罗阇（激情）和答磨（愚昧）。

我慢由答磨（愚昧）占据主导，且和罗阇（激情）结合，就发展演绎出了五种精微元素（色、声、香、味、触），由五种精微元素演绎出了五种粗糙元素（地、水、火、风、空）。我慢为萨埵占据主导，且和罗阇（激情）结合发展演绎出五种感觉器官（眼、耳、鼻、舌、身）、五种行动器官（手、足、嘴巴、肛门和生殖器官）以及心意（manas）。其中，我慢的罗阇（激情）是三德的活动原则，它自身则并不具体展示为某种元素、器官或认知。

尽管万物由运动的三德构成，但万物的构成还具有一定的连续性。某个事物之所以是"某事物"，是由于它显现的实在性或一定时间内其特征的稳定性。例如，你的双手，过了十年，手还是手，并没有变为腿，这是因为尽管手也在变化——变粗糙了，变得不灵活了，但是手还是手。帕坦伽利认为，人的身体保持了不同部分的自身的一致性。这种一致性是每个存在物都必须遵循的。每个事物或对象具有相应的稳定性，不会一会儿长成这样，一会儿长成那样。

不过，尽管有的事物存在时间很久，千百年、千百亿年，有的事物存在的时间很短，或许几个月、几个星期、几个小时、几分钟，甚至几秒钟，凡是存在的事物都有其存在的过程，用佛家的话说，都有一个成住坏空的过程。只是这个过程是有条件的，不是统一的。

问题是，不同事物的存在为何具有一种连续性、一定的稳定性？我们可以分析下，在数论中，隐含着一种目的论思想，即三德的运行服务于原人。创造的目的性保证了事物存在的实在性。简单地说，三德的运行具有一致性，有自身的使命或目的，即服务于原人。

事物不断改变，这是事实。因为三德一直在变化，万物的转变都是三德的转变。宇宙星系经历数百万亿年后，很可能就会坍塌，变得和原来的完全不同。可是，我们对此并不那么关心。我们甚至对他人的变化、其他地区的变化，毫不在意。事实上，这是因为这些必定发生的变化和我们没有直接的"利害关系"。但是，当我们面对我们自己的变故，面对和我们关系密切者的变故，我们就难以接受。深入下去，就会知道，我们对此种种的"放不下""执着"基于我们的"无知"。万物存在，必定随其自身能量的变化而不断改变。一个人会病，会死，病有病因，死有死故。我们无须为三德自身内部的转变而担心、烦恼、痛苦。

　　要知道，事物的改变，是形式的变化，而不是基础、本质的改变。我们可以用各种泥土制作出各种陶器。这些陶器用了一段时间后，或被打碎了，或被废弃了，本质上它们又回到了泥土。泥土还是泥土，陶器的形状则千变万化。事物的连续性、稳定性，不只是针对陶器的样式说的，更是针对制作陶器的原材料、原质说的。作为陶器的原材料、原质，相对陶器来说，是持续的、稳定的、不变的，而陶器只能稳定／维持，或者持续／连续一定的时间。

　　这就是帕坦伽利说的事物的实在性基于三德变动的一致性。当某个事物存在一段时间后，如果还能保持同一性，那是因为该事物作为三德的运行保持了一致性。一个事物经过了一段时期，之后，可能就消失了，崩溃了，死亡了，这是因为事物作为构成该事物的三德一致性被消解了。这世上一切的对象，其根基都是三德。但三德的某种比例的结合能持续多久，并不是由我们人的主观决定。三德，作为能量，以某种方式聚合，事物就存在。这种聚合经过一段时间后就会消解，事物自身存在的一致性也就随之瓦解了。

　　你想让某个事物稳定，你就要保障这一事物存在条件的稳定。这一知识，可以运用在我们生活的方方面面。比如维持和某个人的关系，如果你们之间关系存在的前提还在，你们的关系就在。如果你们之间关系存在的前提受到挑战，你们之间的关系稳定性也就受到了挑战。反过来说，如若要让某个事物存在并保持其实在性和稳定性，我们就需要创造条件，也就是要提供足够的能量来维持这一条件。这是一种瑜伽生活的智慧。

第六十四讲
要知道，心不同，世界就不同

　　这个世上一切对象都由三德构成，三德具有一定的延续性、稳定性。一个对象之所以是一个对象，有其潜在的目的性，这种目的性似乎维持了其相对的实在性。心，同样源于三德，但和一般的对象不同。数论哲学认为，心来自我慢，当我慢的萨埵维度和罗阇维度结合的时候，才会出现心（这里指菩提和心意）。帕坦伽利说："相同的对象在不同的心中以不同的方式被感知，因此，心必定不同于对象。"（《瑜伽经》4.15）

　　不同的心之间有差别，是个体性的。我们不能说，这个心和那个心是一样的。只要作为心存在，其潜在业力不同，心也就有差异。这种差异主要表现在每个心都有每个心的身份（自我认同），不同的心处于不同的觉知状态（不同的遮蔽状态）。我们不能找到两片同样的叶子，不能找到两个完全相同的指纹，一花一世界。同样，我们可以说，一心一世界。心不同，世界就不同。

对同一对象，我们以不同的方式去感知，感知到的内容有差异。通过感知同一对象的差异，帕坦伽利表明了心和对象是二元的，是不一样的，即，心不同于对象。

帕坦伽利更进一步说："不能说对象依赖于某个人的心的感知而存在。因为如果是这样，当某个人的心不再感知它时，就可以说对象不存在了。"（《瑜伽经》4.16）这是从心的感知"推断"对象是否存在。刚才我们说到，心和对象（物）不同。而对象的存在，在帕坦伽利看来，并不依赖人的心而存在。心归心，物归物。

根据数论哲学，物的存在源于我慢的答磨维度和罗阇维度之结合。这种结合演化出五大精微元素和五大粗糙元素，万物的存在就是五大元素的组合。不过，在心物之间，有一个地方是相似的，那就是它们都有罗阇这个维度。

罗阇这个维度，意味着动力。物质运行有动力，心的认知活动有动力。知道了这一点，也就很容易理解心物的二元性。当心不去感知对象（物）时，由于物（对象）的存在并不依赖于心的存在，所以，我们就不能说对象不存在。这一理解就是典型的心物二元论。

事实上，哲学对心物关系的理解，一直是争论不休的。心物关系是心（心理、心意、意识）与物（客观事物）之间的相互关系，有广义和狭义之分。广义的包括心身关系和心与外物（外在客体或客观现实）的关系。狭义的则指心的映像与其外在客体之间的关系。唯物论认为心生于物，唯心论主张心是独立的实体，否认心的映像来源于外在之物，甚至认为物乃心所生。随着科学的发展，心物关系变得更加复杂。

　　心物关系这个问题，类似于近代西方哲学中思维和存在的关系问题。在西方近代哲学中，思维和存在的概念是非常清晰的，古代哲学中，心和物的关系要模糊一些。所以，我们也不能简单地把心物关系等同于思维和存在的关系。在帕坦伽利的哲学中，心和物本质上都是"物"，这和西方近代哲学的观念并不一样。前面已经谈到，心源于原质演化的我慢，"物"（对象）也源于原质演化的我慢。只是这个我慢比较复杂，心是源于我慢的萨埵维度和罗阇维度的结合，物则是源于我慢的答磨维度和罗阇维度的结合。

　　在帕坦伽利看来，心的感知和物本身的实在性两者之间是分离的，物的实在性并不依附于心是否去感知。如果只有心感知了物才存在，就会陷入"存在就是被感知"的陷阱。在英国哲学家贝克莱（George Berkeley）看来，存在的是因为被人所感知。如果没有被感知就是不存在的。这个说法，充分体现了他的哲学之主观唯心主义的特色。但贝克莱为了避免主观唯心主义的弊端，在这一点上却走向了客观唯心主义，他说，被感知的不是一个具体的个人的感知，而是一个真正的感知者，这个真正的感知者就是神。因为神的感知，存在得以保证。于是，我们发现，对于贝克莱，在（主观）感知和存在之间跳出了一个超越个体感知者的神。这个神保证了主观感知不在时，也可以有物存在，也即，人之个体的感知没有了，那个可以被感知的存在也不会消失。这就保证了世界的实在性。所以，单纯的主观唯心主义的心物关系就演变成客观唯心主义的心物关系。而帕坦伽利没有做这样的工作，他直接承认物的客观性存在，而感知的主体则独立于

感知对象，即"对象是可知的还是不可知的，取决于心的状态"。（《瑜伽经》4.17）

　　某个对象，不管你认识不认识、知道不知道，都保持了相对的同一性：它就是那样子。在相对条件下，它的存在是明确的、稳定的、连续的。但是，我们能否认识这个对象，则取决于我们心的状态。《瑜伽经》的"三摩地篇"告诉我们，认识是一种心的波动状态。波动有五种，正知、想象、谬误、睡眠和记忆。其中，正知就是符合对象的认识，是心和对象之间保持一致性的波动。心要正确地认识对象，就要求心不被遮蔽，就意味着心要净化，心没有得到净化就不能正确地认识对象，心被遮蔽，就不能正确地认识对象。在这些众多的遮蔽中，心最容易为自己的观念、利益、局限等所限制。

　　心对对象的认识取决于若干因素，主要包括认知对象、认知过程、认知方式、认知结果。其中，认知对象是固定的，认知过程和认知方式则对不同的心差异巨大。人心对一个对象的认知过程极其复杂。如今时代，尤其是人工智能技术的快速发展，人对对象的认知方式，尤其认知工具，在不断扩展和提升。

　　对于瑜伽修习者来说，我们难以去研究科学界的成果，但可以关注帕坦伽利这位瑜伽大师提供的方法，以便改善我们的认知，这个方法就是我们反复强调的净化心、去除心的遮蔽。心得到了彻底净化，对象就会如实呈现在我们面前，一切就变得全然可知。

第六十五讲
哪里会有最后的心的心呢？

　　心由三德所成，心又是感知三德所成对象的工具。那么，心和原人，哪个是我们的主宰？帕坦伽利说："因为心的主宰即原人是不会变化的，所以它总能知道心的波动变化。"（《瑜伽经》4.18）原人（纯粹自我、普鲁沙）和心是主宰和被主宰的关系。

　　是我们的心认识原人，还是我们的自我即原人观照着我们的三德所成之心？基于数论哲学，原人是独立的，永恒的，不变的；而作为原质演绎而来的心不是永恒的，不是独立的，不是唯一的。心，不断地改变着，有众多的面相。原人是心的主宰，而不是相反。

　　此时，大家必定会问一个问题，既然原人是主宰心的，并总能知道心的波动，为何在日常生活中，作为心的主人我们不知道这一点？为何我们总在各种的迷惑和遮蔽中？一种基本的回答是，不知道什么原因，原人会错误地认同原质对象；原人作为心的主宰，似乎也不再作为心的主宰。不过，接着又出现了一个难题，原人不会有任何改变，为何会发生错误的认同呢？或者，纯粹的意识（原人）如何会自我扰动，出现错误的认同呢？

这样的问题难以回答。扰动已经发生，错误的认同已经出现，也就是我们不知道如何开头。但是，帕坦伽利们说，我们知道如何结束。所以重要的是，我们如何解决问题、认识这一错误、修正这一错误。

在数论哲学中，原人是主宰，它可以知道心的波动。当我们安静下来自我观察时，就可以察觉到（目击）我们的心的波动，而正是因为这个察觉者（目击者）自身是如如不动的，我们才能观照到心的波动。就如我们看到天空中各种飘动的东西，各种飞鸟，各朵彩云，它们不断变化，但作为一个观察者（目击者）的我们却没有改变。"心不是自明的，因为它是原人的感知对象。"（《瑜伽经》4.19）心是我慢的萨埵（善良）之德和罗阇（激情）之德的结合产物。本质上归于原质。"还因为心不能同时区分原人和感知对象。"（《瑜伽经》4.20）对于心（的波动）来说，这个没有改变的观察者（目击者）就是原人。

在数论哲学中，原人和原质的关系是：原人是感知者，原质是被感知者。但作为原人和原质分离的状态，原人不会去感知原质，原质也不会去扰动原人，它们处于分离的状态，也就是圆满寂静的状态。可是，不知什么原因，原质发生扰动，出现了演绎，造成了世界的万事万物。寂静的原质发生扰动，原本处于平衡状态的三德，它的萨埵、罗阇和答磨三种能量不断激荡，出现了各种结果，如心意、菩提、五大元素、五大感觉器官、五大行动器官，等等。理论上，这演绎出来的一切都是原人的感知对象。由于心（citta）比较特殊，似乎具有一种认知能力，但事实上，这种能力不是心本身所具有的，心只是原人的感知对象。

心不是自明的，它缺乏一种自我觉知的能力，没有能力同时区分原人和感知对象。感知对象和心，本质上是同一类，尽管它们有着明显的差异。感知对象由答磨之德主宰，心则由萨埵之德主宰，同时它们都具有罗阇之德的参与。心之所以没有能力同时区分原人和其他感知对象，是因为心本身不具备这个能力。之所以不具备这个能力，是因为只有原人才具有这个能力，即意识的能力。

有人说，心可以具有这样的能力啊。在很多人那里，心是觉知的主体，是可以认识对象的。但大家有没有注意过，在很多人那里，在他们的思想系统中，并没有原人（纯粹自我、普鲁沙）的位置。如果排斥了原人，我们就似乎不得不接受一个认知主体，一个目击者，而这个认知主体，这个目击者就是我们的心本身了。不管心有多复杂，必定可以排除掉一些不纯的地方，而留下一个纯粹的心，这个心就是觉知者、目击者。但数论哲学对心的认识和很多思想系统是不一样的。这是我们瑜伽人需要关注的。

在了解瑜伽哲学时，除了需要我们考察我们自己的哲学经验，原有的知识，还要有一种开放的心态，去真实地了解一种哲学或思想的本来的意思。数论哲学对原人的认识以及对心的认识，不应和我们学习西方思想或其他思想混淆起来。只有如实理解，才能明白其中的道理。但这并不意味着你必须要接受这一哲学。只是我们作为认识以及认识的过程，需要尽可能地如实。不然，我们就无法真正理解帕坦伽利，也无法理解帕坦伽利的瑜伽实践。

对于帕坦伽利和数论，除了原人，不能设想还有一个可以感知一切的至高之"心"，"如果假定有第二个心来感知第一个心，那么就必须假定有无限个心，这会导致记忆混乱"。（《瑜伽经》4.21）帕坦伽利担心我们不能理解他的意思，他一再解释。他认为我们人的认知习性是需要有一颗跳出的心来感知我们的这颗心。但是，如果一颗心需要另一颗心来感知的话，那么，就需要不断有新的心来感知前一颗心——这样就陷入了循环以致于无穷而于事无补。其实，没有这节经文也不会影响经文的逻辑，不会造成误解。但帕坦伽利还是告诉我们，需要有不是心的某个对象来感知这颗心，以便终止这颗心再去感知心。如果一颗心需要另一颗心去感知，那么这个刚感知到前一颗心的心还是需要被感知。这样就陷入"记忆混乱"，在逻辑上就没有办法终止心的感知之延续。

面对这样的处境，或许有多种处理方式，如可以考虑不同的心之间建立一种"协作"，通过共识来解决"感知"问题。又如，可以提出一颗最高的"心"。这颗最高的"心"可以做出最后的裁决。然而，通过"协作—共识"达成的感知可以说缺乏"客观性"，但帕坦伽利需要"客观性"，他不会认同这种"协作—共识"的感知。而找到一个最高的"心"，这就违背了数论的哲学，因为经典数论哲学并不支持一颗最高的"心"。如果我们认可了这颗最高的"心"，事实上，就已经悄悄挪用了"原人"，原人成了"最高的心"。对于我们普通人的认知，这或许是可以接受的，但对于帕坦伽利、对于数论哲学则不可接受。我们不能从自己的立场去要求帕坦伽利和数论哲学。

以上讲得比较哲学化。其实也很简单，帕坦伽利瑜伽的修习者，只要记住一点，即心不同于目击者（纯粹自我、普鲁沙），瑜伽修习就不会把我们自己停留在"心"的层面，而要通过区分心和原人，最终达成分离原质和原人这个目标。

第六十六讲
通过爱情来认识你自己吧

　　上一讲，我们比较哲学。对于帕坦伽利，并没有一个至上之心。但是，瑜伽行者的心一定会问，既然没有至上之心，原人如何知道原人呢？这个问题很特别。我们首先看看帕坦伽利在《瑜伽经》4.22这一节经文中说了什么：

चितेरप्रतिसंक्रमायास्तदाकारापत्तौ स्वबुद्धिसंवेदनम् ॥२२॥

citerapratisaṃkramā yā stadākārāpattau
svabuddhisaṃvedanam //

citeḥ—apratisaṃkramāyāḥ—tat— ākāra— āpattau sva—
buddhi—saṃvedanam //

　　这节经文很不容易理解。首先是经文译文上的困惑，其次是经文思想上的困惑。
　　对这一节经文的翻译有多个版本。我们看一看比较经典的中文译文：

译文一：“阿特曼的纯粹意识是不会改变的。当这种意识反映在心上时，心就采取了阿特曼的形式，并看似有了意识。”（《帕坦伽利〈瑜伽经〉及其权威阐释》）

译文二：“因为知识的本质（即普鲁沙）是不变的，当心质采取知识的形式时，它就成了有意识的了。”（《胜王瑜伽》）

译文三：“意识（普鲁沙）是不变的，当它似乎呈现为心域的最纯净方面时，人就有可能经验到自己的思想过程。”（《〈瑜伽经〉讲什么》）

译文四：“当它（即各种私人化的看法与观点彻底消除，我执和法执也随之）瓦解后，此时的意识即转化成了‘大圆镜智’（即圆觉圣智），一切事物皆完整地映现于此大圆镜中（即一切事物皆源于此大圆镜智的映现）。”（《〈瑜伽经〉直译》）

译文五：“当意识映现和确认其源头——不变的观者，并呈现观者的形式时，它将自身的觉知和智性区分开来。”（《帕坦伽利瑜伽经之光》）

译文六：“当心识不和外在对象连接在一起时，就不会将外在的显现关联至能感知者，而是关注能感知者本身的存在。”（《瑜伽之心》）

译文七：“当意识纯净，从而呈现它真正的表现形式时，人就会察觉到自己的智慧。”（《图解〈瑜伽经〉》）

译文八：“当心灵变成更高形式的灵体，便能知觉更高的意识。”（《瑜伽经禅修要诀》）

译文九：“心识并不混杂，它通过转变其面貌来认识自

己的认识意识。"（《古印度六派哲学经典》）

译文十："真实自我的意识是不会改变的，当心灵受到它的影响，就变成了它的意识。"（《巴坦加里瑜伽经》）

译文十一："认识意识（真我）是不变易的，心灵撷取其所反映的认识意识并成为那个认识意识。"（《胜王瑜伽经》）

译文十二："智能不移动，通过变成知觉的形态感知自己的知觉。"（《瑜伽经》）

译文十三："当那个不变的觉识（citi）呈现为心识的样子，对自身认识的体验方成为可能。"（《瑜伽之书》）

译文十四："尽管原人不变，但通过变成知觉的形态而知道自己的觉知。"（《〈瑜伽经〉直译精解》）

上面，我们提供了十四种译文，大家做一些对比，可以更好地理解。如果大家有机会再参考更多的英文译文甚至梵文，应该会更好。但对一般的瑜伽朋友，这样的工作有点困难。

经过对比分析，综合各家理解，核对每个梵文单词的字意，同时考虑哲学背景和上下文文本，我们把它译为："尽管原人不变，但通过变成知觉的形态而知道自己的觉知。"见（《〈瑜伽经〉直译精解》）

现在，我们来看看这节经文究竟在说什么。

我们知道，原人就是普鲁沙，不变，永恒。然而，这个不变的原人如何知道自己呢？这真是一个非常难以回答的形而上学问题。印度神话中说到，上主不知道他自己，也就是不知道如何认识他自己。于是他采取了一种特别的办法来认识他自己。他通过他自己化出一位女子，并喜欢上这位女子，他去追求她。他们之间产生了互动，爱的互动。这个互动包含着追求的快乐、思念的甜蜜、分离的痛苦、与她之间关系的复杂的纠结，等等。通过这样的互动，上主对自己有了新认识。

我们也可以在希伯来圣经《雅歌》中看到一个非常有意思的爱情故事。"雅歌"的意思是"歌中之歌"，据说是为所罗门王所作。这篇千古绝唱的作品，描述了苏拉密女和牧羊人之间的爱情故事。牧羊人喜欢外向性的生活，他在百合花中放牧群羊，喜欢去乡间田园、山岭原野。苏拉密女喜欢城市或室内生活，但受到牧羊人影响，爱上了乡间生活。牧羊人主动表达爱情，以爱吸引女子，女子越来越离不开他，最终委身于他。

这部作品，有人纯粹把它视为一部世俗爱情作品。其实，如何解释很复杂。有一种解释是体现上主和牧羊女之间的爱情故事。这样的故事，隐藏着一个奥秘。爱情体现了无秘密的合一性，并可以此来探索神圣的奥秘。上主为了认识自我，从自身出发，透过这一爱的过程让自身对自身有个真正的认识。在爱的关系中，认识了他人，也就认识了自己。

通过爱来认识自己，这是非常奇妙的。爱，意味着从一元性的生命状态，走向二元性的状态，最后走向不二的生命状态。这一过程，是一种自我认识自我的过程。可以说，爱情是认识自我的一条基本之路。不管你的爱情之路如何曲折离奇，它都可以成为你认识自己的通道。上主，如果只有上主，他是不能认识自己的。上主要认识自己，就需要让自己"异化"，需要从"一"生出"二"，在"一"进入"二"

中、进入二元性的张力中，通过克服二元性的张力，在新的统一性中认识自己。

　　从哲学上说，绝对自我在逻辑上并不是就已经认识了他自己，他需要让自己从绝对的一离开，从这"一"的状态进入"二"、进入"多"的状态。在进入"二"、进入"多"的状态中，绝对自我发生了异化，他在异化中不断自我探索，最终认识自我、实现自我回归。这就如黑格尔绝对精神的自我运动，也类似中国哲学中的太极生两仪，两仪生四象，四象生八卦（即多），即通过"多"去认识太极。这也可被理解为是"太极的自我认识""太极的自我运动"。

　　在帕坦伽利这里，原人（纯粹自我）不认识他自己（即毫无变化），但他自身发生了一种"异化"，走出了"自我"，变成了知觉的形态（这里就是心）。正是通过把他自身投射了出去、有了"异化的"形式，并通过"异化的"形式而知道了他自身、知道他自身的觉知。

　　这就是原人的自我运动。通过认识他自己就是不变的原人，最终走向原人和原质的分离，达成这一宇宙游戏的圆满。作为瑜伽行者，我们也就明白，我们需要借助"万物"认识到作为原人的不变与作为原质的万变，重新回归到不变的原人那里，即原人和原质（物质自然）实现分离，如此实现自我生命的真正管理。

第六十七讲
心，是带来一切的信使，
也是偷走一切的窃贼

　　心，非常奇妙的存在，就如古代希腊神话中的信使赫尔墨斯（Hermes），身份独特，到处可通。但这个信使也是小偷，干一些偷偷摸摸的事情。我们的心也是这样，一面可以交流，可以告知，可以探索，给我们带来光明和喜乐。另一面，它也会给我们带来失望，会掏空我们，偷走我们的所有。

　　心，具有认识万物的能力。这种认识的能力从哪里来？是它天生具备的？还是借来的？帕坦伽利说："心，既受到见者的影响，也受到所见的影响，所以它能够理解一切事物。"（《瑜伽经》4.23）也就是，心，从原人（见者、真我、普鲁沙）那里获得一种能力。

　　瑜伽哲学认为，心具有认识事物的潜能，这是事实。但它的这个能力不是它自身具有的，而是从原人（见者、真我、普鲁沙）那里借来的。就如太阳是自明的，月亮也发光，但月亮的光不是月亮自己的光，而是从太阳那里借来（反射）的光。

如果月亮认识到这光是它自身的，而不是太阳的，月亮就错误地认同了它自己。类似地，心具有认识的能力，似乎能认识万物。但这个能力不是心自身具有的，就如月亮并不是自身就具有发光的能力，而是从原人（见者、真我、普鲁沙）那里借来的或者说获得的。

心，本质上属于原质（物质自然），只是心的构成中占据主导的是萨埵（善良）之德，同时加上罗阇（激情）之德。这种萨埵（善良）之德，天然具有原人的觉知之能力，就如月亮能反射阳光一样。

心从原人那里借来了这一能力，暂时具有了认知或觉知能力。同时，心又不同于原人，心本质上是原质显现的一种形式，这一形式和其他原质的显现的形式都可以成为认识的对象。当心借用来自原人的认识能力的时候，心本身会成为认知的对象，其他的原质显现的形式也是认知的对象。在这一意义上，心扮演了一种特别的角色，发挥着一种特别的功能。当它受到原人影响时，它具有了借来的认识的能力；当它受到所见（原质的各种显现形式）影响时，它就可以去认识它们。

但是，"尽管心被无数的习性所影响，但心只服务于原人，因为它只能和原人联合行动"。（《瑜伽经》4.24）也即，心的使命是服务原人。

心的身份特殊，上通（靠近）原人，下通原质显现的各种对象。可以说，心的身份／功能有点像那位赫尔墨斯。心要服务原人，这是瑜伽哲学本身规定的。心利用它借来的能力，服务于所借者即原人，目的是认识原人和原质（物质自然、三德）之间的关系，原人（个我）经过无数次经历，自我认识了自我，认识到他自己的真实身份就是不变的原人（见者、真我、普鲁沙）。

如果不能认识到心的使命服务于原人（我们的自我），那么，就会迷失在原质显现的丛林中。心不知道自己归向何方，不知道自己在世上的价值，不知道所做的一切有什么意义，心的活动就会犯错。错误一，没大没小，爬到"老子"头上，不知道自身几斤几两，认为自己就是见者，我慢之心膨胀。错误二，沉溺在原质显现的万物丛林中，变得"毫无出息"，执着于原质显现的各种形式，成为名声、权力、利益、欲求、情色等的奴隶。

智者不会把心和原人混淆。"那些看到心和原人之差别的人，永远不会再把心视为原人。"（《瑜伽经》4.25）既然心不是目击者，不是见者，不是真正的真我，不是原人，不是普鲁沙，智者就不会把心和原人相混淆。这种混淆导致生死轮回，导致在黑夜里砸灯。不管我们如何努力，只要错误地将心认同于原人，就会陷入无穷的黑暗。

确实有无数人将心和原人相混淆。只有在他们拥有了无数的经验和教训之后，才有可能反躬自省，才有可能获得启迪之光。

智者不昏，生命无忧。"当心倾向于分辨时，它就向独存迈进。"（《瑜伽经》4.26）

心会经历很多，会在世界这个大海上如泡沫一样不断运动。当有一天心累了，疲惫了，自会停下脚步，反思自己，认识自己。在认识自己这条道路上，进行一场勇敢的冒险。

然而，这是一场本质上只有"赢"没有"输"的冒险。帕坦伽利告诉我们，智者不会将心认同于原人，智者会让心走向自我的分辨，彻底明白自己：心只有影射原人的能力。这种分辨的智慧，一旦达成，就如学会了走路，不会再跌倒，达到持久的三摩地，进入独存圣境，获得真正的自由。

第六十八讲
不要放弃，分辨的智慧让我们重正乾坤

分辨的智慧是美好的，但分辨也是不能松懈的。"人心对其分辨修习哪怕稍有放松，也会因为过去的潜在印迹导致精神涣散。"（《瑜伽经》4.27）

分辨的智慧是数论哲学的核心，也是瑜伽派哲学修习的密钥。分辨是一道光，把世界分成两半，一半是黑暗，一半是光明。分辨是一条路，走向这条道路就意味着通向自由和喜乐。

瑜伽修习就是培养这一分辨智慧。瑜伽修习是一种重正乾坤的伟大工作。在迷惑的人生中，生命有一种内在的声音，他渴望自由，渴望自我超越，渴望摆脱当下的无能、无奈、无情，盼望一种自在、安稳、健康喜乐的生活。这种渴望来自生命内在的深处。

帕坦伽利深知我们的处境、困境以及期望。他所提供的瑜伽八支，不管是身法还是心法，都是为了让我们克服困难，克服束缚，摆脱业力循环，简单地说，摆脱痛苦，获得

最高的喜乐，达成生命的终极圆满。

瑜伽行者通过努力，了解瑜伽哲学，遵从社会和个人规范规则，从体位、调息、制感，再到专注、冥想，最后到达三摩地，生命一步一步得以完善。这一完善的最大标志就是修习者具备了一种分辨的智慧。这一智慧的核心就是明白原人（真我、普鲁沙）和原质（物质自然）的不同，我们自我的真实身份是原人（真我、普鲁沙）。

在这个世上做事，并不都能达成。瑜伽修习也是如此，成就需要诸多因缘。通过努力，或许在体位法上有了很多进展，可以做很多高难度的体位，或者我们天天学习调息，然而，我们的心可能依然没有平静。我们修习体位，但除了给我们带来运动效果外，可能没能帮助我们的心真的平静下来，无法真正控制心的波动。我们做调息，或许能住气很久，但心并没有得到很好的控制。我们依然关注外境，在乎外界评论，在乎得失，在乎成败和争斗。我们可能天天花时间在学习专注，学习冥想，但在多数情况下，会感到并没有达到预期的效果，心中依然有这样那样的纠结，放不下，放不开，困惑。

这些问题，需要我们全然放下。需要我们精进，分辨不能懈怠。稍有松懈，过去的没有被消除的潜在印迹就会冒出来发挥作用，很容易就让我们偏离瑜伽的目标，难以带来分辨的智慧。另外，过往生活中的经验成了潜在印迹，也会影响我们的生活，影响我们的分辨智慧的修行。这些都会成为瑜伽之路上的障碍。

帕坦伽利说，瑜伽之路的精神涣散包括：疾病、疲倦、怀疑、拖延、懒惰、欲念、妄见、精神不集中和注意力不稳定。但"可以用消除觉悟之障碍的同样方式来克服精神涣散"。（《瑜伽经》4.28）确实如此，我们可以通过用消除觉悟之障碍的方式来克服瑜伽分辨之路上的精神涣散，如培养德性（《瑜伽经》1.33），修习调息（《瑜伽经》1.34），专注于导致细微感知的形式（《瑜伽经》1.35），专注于内在之光（《瑜伽经》1.36），专注于觉悟者之心（《瑜伽经》1.37），专注于梦境或深度睡眠的体验（《瑜伽经》1.38），专注于符合自己心愿的对象（《瑜伽经》1.39）。

　　我们原本是王子，却错误地认同自己是个乞丐。我们原本身怀珍宝，却作贱我们自己。当我们获得了分辨的智慧，就能毫无纠结地和物质自然分手，不再执着或粗糙或精微的物质自然！

第六十九讲
心通透了的瑜伽士，超越知识

我们已经说过，通过修习，可以获得一种分辨的智慧，这种分辨的智慧就是对原人和原质之知识完全的分辨。"即使对最高的知识也毫无兴趣，这样的人因其达到了完全的分辨，而臻达法云三摩地。"（《瑜伽经》4.29）并且，"从此断除了痛苦，并摆脱了业。"（《瑜伽经》4.30）此时，也即是，瑜伽行者超越了知识，甚至对最高的知识没有了兴趣，臻达法云三摩地，彻底摆脱了业的束缚，获得完全的喜乐。

什么是最高的知识？对于瑜伽行者，在瑜伽修习的过程中，获得了各种神奇的瑜伽力量，这些力量强大无比，因为获得了原质的知识，他甚至可以呼风唤雨、隐形盾迹、深入他人之身体，等等，但是，获得了分辨智慧的瑜伽士甚至就连这些知识也没有了兴趣，因为他获得了关于原人和原质的完全的知识，再没有什么知识值得他去获得了。这一分辨的智慧带给他生命最强大的力量，因为他已经真正约束了他的心的波动，他成了心意之主。此时，世俗对他再也没有了吸引力。

　　萨奇南陀曾经讲过一个道理，他说，人的欲望，为什么通过瑜伽专念的修习就会失去呢？这好比用肥皂洗脏衣服。本来一件干干净净的白衣服，在生活中沾上了泥土污迹，搞脏了。怎么办？你可以拿一块肥皂，把衣服上的污迹清除掉。肥皂不是拿来穿的东西，不管肥皂本身多好看，多香，去污力多么强大，最后，你只是穿上那件干净的白衣服，而不是把肥皂也一并穿上身。那些污了的肥皂水被你倒掉了。

　　肥皂是个好东西，肥皂的去污力非常强大，它可以去除白衣服上的污渍。但是，你要穿上的是干净的衣服，而不是那块力量强大的肥皂。就如瑜伽，瑜伽八支是好东西，力量强大无比，因为瑜伽八支可以去除我们心上的污渍，去除了心的污渍，消除了心上的遮蔽，我们就看见了真相、明白了我们真的自我。瑜伽八支就如肥皂，修习瑜伽八支所带来的那些神奇的瑜伽力量就如肥皂所拥有的强大的去污力，当我们的心因为瑜伽八支的努力而获得净化时，瑜伽士就达到完全的分辨，他知道了他自己的真实身份，不再迷惑原质的万千变化，也不再被原质的万千变化所迷惑。心已经通透，他哪里还会对那些所谓的神奇之力量的知识有兴趣呢？！

　　心净化、通透了，法云三摩地就不请自来。我们用尽全力做一件事，达到一个高度，结果自然出现。毗耶娑说，瑜伽士对最高的知识都不再有兴趣，无所乞求，无所染着，彻底获得分辨智慧，潜在印迹的种子都被销毁，不会产生其他的知识，这时，法云三摩地就会自动降临。

　　很多《瑜伽经》的注释者都把法云三摩地理解为分辨的

最高状态。识比丘（Vijñānabhikṣu）认为，法云三摩地就是生前解脱者的状态。生前解脱者，他已经完成了生命的转化，对于世俗一切都已经超越。他自身成了吸引的源头，他自身就是喜乐的根本。对于生前解脱者来说，喜乐就如云雨一样自然倾泻。哈里哈拉南达（Hariharananda）说，法云三摩地带来无尽的至高德性，其中包括自我的知识。法云三摩地不是一种获得的东西，而是自发出现的。也即，当我们的瑜伽修习到达了一个相当的高度，无知消除，分辨出现，潜在印迹的种子烧毁，这一三摩地就会自发降临。

抵达了法云三摩地的瑜伽士，作为生前解脱者依然活在世上，生活在世俗中。他和普通人看上去可能没有什么区别。然而，普通人痛苦，他没有痛苦；普通人担心，他没有担心；普通人期待，他没有期待；普通人渴望，他没有渴望；普通人造业，他不再造业。生前解脱者无所执，和自然的对象没有什么依附的关系，就如水和莲叶一样，莲叶浮在水上，但水不能打湿莲叶。

生前解脱者的行动，本质上不是行动或者说是没有业的行动。之所以没有业，是因为没有执着，不会被行动本身所干扰。就如天空中飘浮着各种各样的东西，你看到、看过、看着，但你不会被那些东西所吸引、跟着那些东西、追着那些东西。只有小孩子才会追着天上的彩云跑。你只会看到、看过、看着。毗耶婆说，烦恼和无知一旦被消除，就不会在某处再生。当你遇到智慧，当你探索自我，当你反思"我是谁？"的时候，你就可能走向了另一条道路，一条没有业的道路，你的生命将会发生质的变化，而成为一个完全的新人，那时你会经验法云三摩地，不再再生，最终走向生命的终极——独存。

从帕坦伽利的教导可以知道，解脱不离世间，觉醒不离世间，束缚也不离世间。当我们获得分辨的智慧，我们就会在这个世上、在当下获得解脱、觉醒，直抵独存。当我们还没有获得足够的分辨智慧，在这个世上我们就被这个世俗束缚和局限。要点在心，因为束缚在心，自由也在心。要获得自由，就要潜心研究心学。

当然，我们在理论上似乎可以很容易地谈论达到了独存、解脱、自由之境的瑜伽士，众多的瑜伽典籍也有各种相应的记载。但在现实中，我们如何去判断一个人是否解脱了，是否达到独存之圣境？我们曾经提出一个比较大众、比较通俗的判断法，即我们可以看看，这个人健康吗、明白吗、喜乐吗？把健康、明白和喜乐作为最基本的标准。可是，人们对健康、明白和喜乐的理解并不真的一致，所以事实上这三个标准是一种没有办法而又不得不采用的办法。

罗摩克里希那讲过一个故事。有几个人想去参观一座果园，听说那里有很高大美丽的果树。但果园四周有高墙，无法看到里面真的有什么。有一个人爬上墙，看到里面有鲜美的水果，立刻跳了进去。又有一个人爬了上去，也看到了鲜美的水果，跳了进去；第三个人也爬了上去，他也看到了园子里那些鲜美的水果，但他没有跳进去，他觉得他不能独享，而希望其他的人也能享受这园子中的鲜美水果。于是，他留了下来，帮助世人有机会吃到水果。这个人成了觉悟的导师。瑜伽行者，你也许有导师，但导师是不是觉悟的，是不是达到独存之境的，在你看到那些鲜美的水果之前，你并不知道。

八曲仙人说，只有同样达到了觉悟的人才能了解觉悟的人。萨奇南陀说，只有蛇认识蛇，只有圣人认识圣人。这样的道理，对于我们普通人其实也是一样的，我们认识对方往往依赖于我们处于相同的频道。不在同一频道的人很难彼此认识。

第七十讲
无限的知识，健全生命的无限智慧

更清楚地说，达到了法云三摩地的瑜伽士，"也完全消除了所有的知识的遮蔽物和不纯。由于这一无限的知识，感觉所认识的一切都显得微不足道了"。（《瑜伽经》4.31）这节经文，进一步揭示了无限的知识及其秘密。

我们离不开知识。无知，带来黑暗；知识带来光明。小知识，带来生命的小智慧；大知识，带来生命的大智慧；无限的知识，带来生命的无限的智慧。《瑜伽经》揭示了小知识，也揭示了大知识，更揭示了无限的知识。

但是，面对着茫茫宇宙，我们普通人往往觉得生命渺小。在我们的思想中，知识无限，而生命有限。以有限追无限，如何可能？帕坦伽利给我们提供了一条道路。这条道路由瑜伽八支构成。但我们往往停留其中的一支或几支上，"一叶障目""只见树木不见森林"，而很少真的建构起我们瑜伽的真正格局。真正的瑜伽格局是什么？瑜伽的格局，首先要知道瑜伽究竟是什么，知道自己当下修习的瑜伽在八支中的具体支位，知道还有什么是我们还未了解、还没有进入的领地。

心的波动，意味着不同的"知识"。我们痛苦和快乐，我们自由和觉悟，都和"知识"有关。知识和三德之间关系密切。在答磨（愚昧）之德的影响下，我们无法获得真正的知识，答磨（愚昧）之德导致知识遮蔽。一个人，答磨能量强盛，在知识方面就容易出问题。如果能克制答磨，能激活罗阇和萨埵能量，则可多少让知识之光闪耀起来。而在罗阇的激情之德影响下，所获的知识是不纯的，伴随扭曲和变形。在萨埵（善良）之德影响下，所获知识真实，如实体现出认知和认知对象的一致。瑜伽八支的修习就是要努力消除，更恰切地说，努力克服和管控答磨之德、罗阇之德，发挥并弘扬萨埵的能量。通过萨埵之德获得各种知识。在善良之德面前，万物就会如其所是地呈现。

无限的知识本就在那里，如阳光一样普照，如海水一样满盈。只是对我们的生命个体来说，个体和那无限的知识间被什么隔了开来。这第一层的隔开就是被遮蔽，就是被答磨所遮蔽。房子里本来就有灯光，但你把自己的眼睛蒙了起来，你自己就感觉你走进了黑暗之地。第二层的隔开就是不纯，就是扭曲变形。我们所看到的，所认识的，和实际的知识之间有距离，甚至相反。你走进了开着灯的房间，但你带着一副特别的眼镜，你所见的光不是原来的光，所见的一切都不是原来的模样。遮蔽，是因为答磨（愚昧）之德，不纯是因为罗阇（激情）之德。只有在萨埵（善良）之德主导下，事物在我们心上呈现，才会真实而不被扭曲。有人说，正是因为我慢（ahaṁkāra）遮蔽了知识、污染了知识。也有更严格的理解，在萨埵（善良）之德占据主导时，依然有一定程度的不纯，依然还受到善良我慢的干扰。只有超越萨埵（善良）之德，知识才会彻底起飞。此时，无限的知识不是作为一种潜能存在着，而成了现实。当瑜伽士拥有了无限的知识，基于三德运行所带来的、由感觉认识所把握的知识也就显得微不足道了。

在全知的意义上，从三德中所获得的知识只是小知识，自然微不足道。为此，毗耶娑说，对于获得全知，具有分辨智慧的瑜伽士，普通的知识没有价值，就如"盲人为珍珠打洞，无手指的人为它穿线，无脖子的人戴上它，哑巴称赞它"一样，毫无价值，毫无意义。

顺便要说的是，我们这样说是基于帕坦伽利瑜伽的自然逻辑。但这并不意味着一个瑜伽士就和世俗、三德中的知识无关了，他依然可以去认识，去运用。在《瑜伽经》第三篇中我们看到瑜伽所带来的获得知识的力量。对于世俗之人，这些知识和力量自然有用。对于觉悟原人和原质的瑜伽士来说，它们没有意义。然而，这从心意上去理解更好，我们依然可以认可这些知识在三德运行中、在生活中的"必要性"。在世俗意义上，瑜伽士也一样可以肯定它们。

第七十一讲
三德，生命的仆人，功成身退

无限的知识涌现而出，"三德的连续变化由此结束，因为它们的目的已经达成"。（《瑜伽经》4.32）"这一连续的变化发生在每一刹那，但只有到一个系列结束时才能被理解。"（《瑜伽经》4.33）

瑜伽士净化了心意，消除了所有的遮蔽和不纯，法云三摩地降临了，达到了生命圆满的境地。此刻，萨埵、罗阇和答磨连续的变化终止了。没有三德的连续变化，身体和心无法存在；而只有身心存在，生命才能在世俗中存在。这似乎是矛盾的。只是我们知道，这一看似矛盾的矛盾，并不是生命的真相。

对于帕坦伽利来说，原人和原质是二元的永恒存在。原质自然的存在并不会随着生命是否觉悟而消失，除非宇宙终结。但是，对于生命来说，认识到生命的自我就是原人，而原人是原质三德的目击者，觉悟到这一无限的分辨知识，对于这样的觉悟者瑜伽士来说，他看穿了自然三德的把戏，看透了三德这个仆人为着生命服务的使命，对于他来说，此刻，心的波动止息了，三德仆人的服务这一使命已经达成了，在他眼里，哪里还有什么三德连续的变化呢？三德变化结束了。

但是，需要注意的是，我们这样说并不意味着原质自然停止了。对于帕坦伽利来说，原质和原人一样，是永恒的存在，永恒的存在如何能停止呢？除非宇宙结束。

我们再说一下，说三德的变化结束了，是什么意思呢？从严格的意义上说，三德变化的"结束"意味着原人和原质的分离。如果说原人是水，原质是油，如今水油分了家，水是水，油是油，水和油不再混在一起，也就是，原人摆脱了原质的依附，获得了独存之境，在这独存之境中，哪里还有其他的永恒存在呢？在这独存之境中，唯有原人自由、自在、永恒的存在。我们现实中的人如何可能说三德的变化结束呢？对于觉悟之人，谈论这个问题没有必要，也没有意义了。

原人和原质分离的状态是一种哲学言说。我们可以换一种说法。

原质本身是永存的，我们不能去控制原质本身的运行。当然，瑜伽所获得的神奇之力可以"干预"三德的进程，但是不能控制作为整体的原质自然。作为生命的瑜伽修习者，我们可以探索如何摆脱三德的钳制——这也是整个瑜伽八支的最终目的。当生命获得了分辨的智慧时，生命也就不再认同变化的三德，反过来，三德的连续的变化就不再会扰动作为生命的原人。在这意义上，我们说三德终止了、结束了。对于瑜伽士来说，他已经完全安住在自身中了。

对生命个体来说，三德变化的终止应该理解为超越了三德。原人已经安住在自身中，三德的任何变化都不再与原人不发生任何联结。但是，对于生前就觉悟的瑜伽士，生命的身体还在，三德和原人在表象上还是联结在一起的。

抽象地谈三德这位仆人的使命的达成，似乎没有困难。难就难在如何理解三德的使命达成？当我们谈论三德时，三德是个概念。如果抽象地谈论三德，我们也只能抽象地解决三德问题。对于生命个体，我们可以谈论它的个体性如何。例如，在我身上，三德是什么？作为瑜伽修习者，我在努力让原人和三德分离。这个和三德分离是一种什么情况？三德在我这里是一个具体对象吗？不是。三德本身是作为三种属性、三种能量，我是在和这三种能量"格力"。如果我摆脱了这三种能量的束缚，也就是说，我不再让作为仆人的三德控制我这位主人，我和三种能量的关系就出现了颠覆。

当我达成原人与原质分离这一目标时，可以说，三德仍在陪伴着我，只是它只是听命于我罢了。"三德"并不是一个不变的"存在"或"实体"，而是一个不断变化的"过程"。在三德变化的过程中，我不再被三德的变化牵着往前，我不再认同并执着三德的变化之相。这个时候，我们说三德达成了使命。也可以说，像小孩一样，我已经玩够了，我不再和三德不断地变化这个"游戏"玩耍了，我要回家了。

毗耶娑说，三德的连续的变化发生在每一刹那，当变化停止或结束的时候，就可以确定。就如一块新布，经过连续变化的刹那，过了一段时间，就成了旧布，最后破了，构成布的元素分解了、还原成元素自然。这是一个连续的变化过程。而对于觉悟者，对于自我的永恒原人，既没有过去，也没有未来，只有永恒的当下，一切都是当下的。

　　作为生命的过程，始终陪伴着生命个体成长的三德，终于在我们约束心的过程中，完成了它的使命。三德完成使命之时，也就是我们的生命圆满之时。这也是三德的奥秘。

第七十二讲
瑜伽，终究是生命日常的管理

　　《瑜伽经》开篇就告诉我们，瑜伽是一种心学，其目的是约束我们的心的波动。而最终经过努力，对心的约束成功了，这时，"当三德作为原质之属性不再服务于原人时，它们就消融于原质。这就是独存。原人作为纯粹意识，安住在其自身的本性中"。（《瑜伽经》4.34）这是帕坦伽利在《瑜伽经》中说的最后一节经文。这节经文，就如开篇的经文一样意义重大。

　　数论哲学告诉我们，三德使命的最终完成意味着一个逆序的过程，也就是自然，包括生命个体的身躯、各种感觉器官等，还原成地水火风空五大元素，潜在的一切印迹消融于心意，心意消融于我慢，我慢消融于"大"（宇宙菩提，mahat），最终"大"消融于原质，原质（三德）再一次回到平衡的状态。这种逆序的消融，对于物种来说，是反进化。对于瑜伽士来说，是精神或者意识的进化。意识的进化，首先是心的净化。这种心的净化不是追求外在对象，而是意识从种种二元性的张力中摆脱出来，消融私我（我慢），最终成为纯粹的意识。

独存，kaivalya，意思是"独自存在"。这是一种状态，有一些类似的词可以对应，如，宁静的简朴（quiet simplicity），有意识的隔离（conscious isolation），解放（emancipation），自由（freedom），解脱（liberation），觉悟、开悟（enlightenment），等等。

帕坦伽利对这一独存的状态没有做详细的讨论和描述。比如某人让你去往一个圣地，但他并不告诉你那个圣地具体是什么样的，他只是说，你应该要去往那个圣地，并且给了你一张地图，告诉你如何抵达那圣地。为什么？就如有人问佛陀，觉悟者（真如）死后都去了哪里，佛陀拒绝回答，因为，觉悟者去了之后的状态并不是我们能用日常的语言可以描述的。帕坦伽利的独存状态也是如此。独存的状态，难以用语言来表述、来描述，因为语言有边界，而那独存超越了语言。

瑜伽，终究是生命的管理哲学。对于帕坦伽利，生命中普遍的是可见可感的痛苦，是对生命真相和意义的迷茫和困惑。帕坦伽利是坚定的现实主义者，他要解决的是现实问题。对于生命，核心就是今生今世。帕坦伽利的注意力不在前世，也不在来世，就在生命的今生今世。生命的管理，无关乎生命或有的前世；生命的管理，关乎的是当下还握在我们手中的活生生的生命。我们的生命，不驻留在过去的记忆中，也不流连于对来世的盼望中，不忍受当下各种的苟且，也不迷失在各种意义的浪漫幻想中。生命，活泼泼的，就在我们自身手中。心意这根缰绳，握在我们自己的手中；众感官这些野马，被缰绳牵引着往前；我们是身体这架马车的主人，我们乘着这架马车在原质自然的丛林中自由地飞驰。当我们要得累了，我们就栖息在我们纯粹意识的怀抱里，享受无尽的平静、安详和喜乐。这就是生命的圆满。这就是帕坦伽利瑜伽的巅峰。

瑜伽的路并不遥远，瑜伽的目标也非遥不可及。瑜伽是日常的，生命是轻省的。瑜伽需要我们精进，生命的管理并不神秘。因为我们的生命，那纯粹的自我，原人，普鲁沙，本就圆满自足。

就让我们心存高远吧！我们的生命不应被遮蔽。我们，活泼的生命，在三德自然的日常流变中，在原质诸要素的运转中，享受当下的美好！看遍沿路的美妙！

唵·塔·萨

附

录

《瑜伽经》（全文）[①]

［古印度］帕坦伽利著

第一章　三摩地篇

现在开始我们的瑜伽教导。（1.1）

瑜伽是约束心的波动。（1.2）

（一旦约束了心的波动）见者就安住在其自身的本性中。（1.3）

不然，见者（依然）认同于心的波动。（1.4）

心的波动有五种，有些是痛苦的，有些并不痛苦。（1.5）

它们分别是：正知、谬误、想象、睡眠和记忆。（1.6）

正知的来源是直接感觉、推论和经典证言。（1.7）

---

① 参见［印］帕坦伽利著，王志成译注：《〈瑜伽经〉直译精解》，四川人民出版社，2019年。

谬误是基于错误的认识，并不符合事物或现象的真相。
（1.8）

想象是一种知识，它只依据言词，脱离任何外在对象。
（1.9）

睡眠是缺乏思想内容支持的心的波动。（1.10）

记忆是未遗忘却经验到的对象。（1.11）

通过修习和不执可以约束这五种波动。（1.12）

修习就是努力达到心的稳定。（1.13）

经过长期不间断的虔诚专心，修习的基础将非常稳固。
（1.14）

不执是一种自我掌控，它摆脱了对所见所闻之物的欲
望。（1.15）

认识了原人，对三德的任何表象都无欲无求，这是至高
的不执。（1.16）

有智三摩地分为四种：推理、反思、喜悦和有我。
（1.17）

另一种三摩地即无智三摩地，修习终止认知，只留下潜
在印迹。（1.18）

无身瑜伽士和融于原质的瑜伽士，他们依靠出生就能达
到无智三摩地。（1.19）

对于其他人，无智三摩地需要经历信、力、念、慧几个
阶段。（1.20）

勇猛精进的人会很快修成瑜伽。（1.21）

根据修习手段的弱、中、强，达成瑜伽的快慢有别。
（1.22）

通过虔信自在天也能达到三摩地。（1.23）

自在天是一个特殊的原人，不受烦恼、业、业果、储存之业的影响。（1.24）

在自在天那里，全知的种子是无法超越的。（1.25）

自在天是最早的导师的导师，因为他不受时间限制。（1.26）

表达自在天的词是唵。（1.27）

常念此词，并冥想它的意义。（1.28）

由此，觉知向内，障碍被克服。（1.29）

疾病、疲倦、怀疑、拖延、懒惰、欲念、妄见、精神不集中和注意力不稳定，这些心的涣散都是障碍。（1.30）

心的涣散常伴随着痛苦、沮丧、身体摇晃和呼吸不畅。（1.31）

专注于一个真理可以消除心的涣散。（1.32）

心的平静来自对德性的培养：对幸福者友善和对不幸者慈悲、对有德者喜悦和对邪恶者冷漠。（1.33）

或者，通过调节呼吸，使心平静。（1.34）

或者，通过专注细微的感知，使心平静。（1.35）

或者，通过专注于至上的、永恒喜乐的内在之光，使心平静。（1.36）

或者，通过专注那些不执于欲望的觉悟者之心，使心平静。（1.37）

或者，通过专注梦境或深度睡眠的经验，使心平静。（1.38）

或者，通过冥想符合自己心愿的对象，使心平静。（1.39）

由此瑜伽士可以掌控冥想对象，小如原子，大至无限。
（1.40）

纯净的水晶会接受离它最近的物体的色彩，心也一样，当约束了心的波动时，就会达到认知者、认知对象以及认知的同一。这种与认知对象的同一被称作三摩地。（1.41）

当心与专注的粗糙对象达成同一，但仍掺杂着名称、性质和知识的意识，这被称为有寻三摩地。（1.42）

当心与专注的粗糙对象达成同一，且不掺杂名称、对象和知识的意识，只留下对象本身，就被称为无寻三摩地。（1.43）

当专注对象是细微对象时，所谓的有伺三摩地和无伺三摩地可以用同样的方式得到解释。（1.44）

在所有细微对象的背后是原质这个最初因。（1.45）

上面谈到的三摩地被称作有种三摩地。（1.46）

在无伺三摩地中，至上自我光辉照耀。（1.47）

在这种三摩地中，知识可以说充满真理。（1.48）

内容上它不同于通过推理和研习经典所获得的知识，因为它涉及事物的本质。（1.49）

三摩地加诸于心的印迹，将消除过去的所有其他印迹。（1.50）

由三摩地产生的印迹也被约束，心中不再有心的波动，这时，就进入了无种三摩地。（1.51）

第二章 修习篇

苦行、自我研习和顺从自在天构成了克里亚瑜伽。
（2.1）

它帮助我们减少痛苦，达到三摩地。（2.2）

这些痛苦是无明、有我、贪恋、厌弃和惧怕死亡。
（2.3）

无明产生出其他所有的痛苦。那些痛苦可能是潜伏的、微弱的、间断的或活跃的。（2.4）

把无常、不净、苦和非我认同为常、净、乐、我，这就是无明。（2.5）

见者和所见的相认同，这就是有我。（2.6）

贪恋就是总想着欢愉。（2.7）

厌弃就是总想着痛苦。（2.8）

惧怕死亡就是渴望生命独自永驻，甚至对于智者也是如此。（2.9）

当这些痛苦变得细微时，就可以通过返回到它们的最初因即原质而将之摧毁。（2.10）

通过冥想，可以摧毁充分发展了的痛苦。（2.11）

痛苦是业之根。它们都会在可见的今生或不可见的来世体验到。（2.12）

只要业的根存在，它就会成熟，导致不同的出生、寿命以及生活经验。（2.13）

快乐和痛苦的经验分别是善行和恶行的结果。（2.14）

由于变化、焦虑、潜在印迹的痛苦，也由于三德运行

的冲突，对于有分辨力的人来说，确实一切都是痛苦的。（2.15）

还未到来的痛苦是可以避免的。（2.16）

见者和所见结合，是可避免的痛苦的原因。（2.17）

所见具有三德的性质，即光明、活力和惰性，它们由诸元素和感官构成，目的是为见者提供经验，并让见者从中获得解脱。（2.18）

三德要经历有特征的、无特征的、分化的和未分化的四种状态。（2.19）

见者只是纯粹意识，但尽管纯粹，它似乎通过心在认识。（2.20）

所见的对象，仅仅是为了服务于见者的目的而存在。（2.21）

对解脱者来说，尽管所见的局限已经消失，但对其他人而言，它仍然存在。（2.22）

原人和原质的"结合"，是为了认识原人和原质的本性与力量。（2.23）

这种"结合"的原因是无明。（2.24）

一旦消除无明，这种结合就不再发生。这就是见者的独存。（2.25）

摧毁无明的方法是持续不断地分辨原人和原质。（2.26）

获得这种认识要经历七个阶段。（2.27）

通过修习瑜伽八支，一旦除去了所有的不净，智慧之光就分辨了原人和原质。（2.28）

瑜伽八支是：禁制、劝制、坐法、调息、制感、专注、

冥想、三摩地。（2.29）

禁制就是不杀生、不说谎、不偷盗、不纵欲、不贪婪。
（2.30）

这些大誓言是普遍的，不受种姓、地点、时间和环境的
限制。（2.31）

劝制就是纯净、满足、苦行、自我研习、顺从自在天。
（2.32）

受到消极思想扰乱时，就应该想到积极思想。（2.33）

消极思想，如暴力、不诚实，可能会直接产生或被间接
地引发，甚至怂恿行动，伴随贪婪、嗔怒、痴迷，无论其强
度是温和的、中度的还是猛烈的，都会导致无尽的痛苦和无
明。人们应该认识到这一点，并培养积极思想。（2.34）

当一个人不再杀生时，所有生物都不会对他产生敌意。
（2.35）

当一个人不再说谎时，行动和结果就相互依赖。（2.36）

当一个人不再偷盗时，一切财富就接近他了。（2.37）

当一个人不再纵欲时，他便会获得能量。（2.38）

当一个人不再贪婪时，他就会完全明白如何出生以及为
何会出生。（2.39）

纯净使人疏远身体，厌恶与他人接触。（2.40）

因为身体纯净，带来思想纯净，心灵纯净，心生欢喜，
心注一处，控制感官，得以觉悟自我。（2.41）

由于满足，人得到最大快乐。（2.42）

由于苦行，不净得以清除，身体和感官因此获得特殊的
能力。（2.43）

通过自我研习，可以和择神相融合。（2.44）

通过全然地顺从自在天，可获得三摩地。（2.45）

坐法必须安稳自如。（2.46）

放松身体，冥想无限者，坐法便安稳自如。（2.47）

这样，人就不再受感官经验二元性的困扰。（2.48）

掌握坐法后，通过呼气吸气进行停顿习练，这就是调息。（2.49）

呼吸的停顿可以在外，或在内，或完全停止不动。可以根据地点、时间和呼吸的次数加以调节，所以停顿可长可短。（2.50）

第四种调息是由专注于外部或内部对象而引起的呼吸停顿。（2.51）

这样，内在光辉的遮蔽物就被除去了。（2.52）

于是，心变得适合于专注。（2.53）

制感就是让心脱离感知对象，感官也随之脱离感知对象，仿佛感官仿效心的性质。（2.54）

于是，达到了对感官的完全控制。（2.55）

第三章　力量篇

专注是将心固定在某一点上。（3.1）

冥想是持续地认知。（3.2）

在冥想中，似乎没有个体意识，只有对象显现，这就是三摩地。（3.3）

专注、冥想和三摩地这三支合在一起就是专念。（3.4）

掌握专念之法，可开启智慧之光。（3.5）

这种掌握必须循序渐进。（3.6）

与前面五支相比，这三支更加内在。（3.7）

但是，相比于无种三摩地，这三支依然是外支。（3.8）

潜在印迹升起时，就要有意识地约束它，以便让心再次回到受控状态。（3.9）

潜在印迹得到了约束，心也就处于平静之流中。（3.10）

消除了所有的精神涣散并且能够心注一处，此时就朝向三摩地迈进。（3.11）

进而，当过去减弱的潜在印迹和现在升起的潜在印迹变得一样时，就是心注一处。（3.12）

根据上述，五大元素和五个感官中的性质、特征和状况之转变已经得到了解释。（3.13）

原质的本性分为潜在的、升起的和未显现的。（3.14）

各种进化都是由这些持续不断的变化造成的。（3.15）

专念于这三种变化，可获得过去和未来的知识。（3.16）

人们通常将一个词的声音、对其意义的感知和对此产生的反应这三者混为一谈，通过专念于此，就可懂得一切生物发出的声音。（3.17）

专念于潜在印迹，可获得前生的知识。（3.18）

专念于他人的观念，可知道他人的心。（3.19）

但不是他人的心的内容，因为那不是专念的对象。（3.20）

如果专念于一个人的身体形态，就可以阻止光和眼睛之间的接触，这个人的身体将隐而不现。（3.21）

这样，也可以解释他的声音（香、味、触等）的消失。
（3.22）

有两种业，一种很快显现，另一种缓慢显现。专念于业，或死亡的征兆，瑜伽士可获知他离开身体的准确时间。
（3.23）

专念于友谊等美德，便可获得其力量。（3.24）

专念于各种力量，如大象和其他动物的力量，便可获得那种力量。（3.25）

专念于内在之光，便可获得细微的、隐秘的或遥远之物的知识。（3.26）

专念于太阳，便可获得太阳系的知识。（3.27）

专念于月亮，便可获得星系排列的知识。（3.28）

专念于北极星，便可获得星系运动的知识。（3.29）

专念于肚脐，便可获得身体构造的知识。（3.30）

专念于喉咙，便可抑止饥渴。（3.31）

专念于龟脉，便可稳定。（3.32）

专念于头中的光，便可获得悉达的眼力。（3.33）

或者通过直觉知道一切事物。（3.34）

专念于心脏，便可获得有关心的知识。（3.35）

萨埵和原人是完全不同的。萨埵仅仅是原人的工具，而原人则是独立自存的。专念于原人的独立性，便可获得原人的知识。（3.36）

由此，产生直觉以及更高级的听觉、触觉、视觉、味觉和嗅觉。（3.37）

在世俗状态下，它们是力量；但是对于三摩地，它们是

障碍。（3.38）

通过松开束缚之因、通过心的活动的通道知识，瑜伽士的精身能进入另一个人的身体。（3.39）

通过控制上行气，瑜伽士可以在水面、沼泽、荆棘或类似物体上行走，也可以飘浮在空中。（3.40）

通过控制平行气，瑜伽士周身可以放出光芒。（3.41）

专念于耳朵与空的关系，可获得超自然的听力。（3.42）

专念于身体与空的关系，身体变得轻如棉絮，瑜伽士可以在空中飞行。（3.43）

专念于脱离身体即"大无身"状态时心的波动，遮蔽了知识之光的所有遮蔽物都将被清除。（3.44）

专念于五大元素的粗糙、细微、本性、关系和目的，就可以掌控五大元素。（3.45）

由此可以获得让身体小至原子的力量以及所有其他类似的力量。这一完美的身体也不再受这些元素的阻碍。（3.46）

身体完美包括：美丽、优雅、有力量、坚如金刚。（3.47）

专念于认知过程、感官的本质、有我、三德的构成及其目的，便可掌控感官。（3.48）

这样，身体便获得像心意一样飞速移动的力量以及无须感官帮助而发挥作用的力量，并因此掌控原质。（3.49）

专念于萨埵与原人之间的分别，便可全知全能。（3.50）

不执着于这些力量，将摧毁束缚的种子，达到独存之境。（3.51）

受到天神的邀请时，瑜伽士既不要执着，也不要骄傲，

因为他可能再次不受欢迎。（3.52）

专念于刹那以及刹那在时间中的连续，便能获得分辨的知识。（3.53）

由此可以区分两个极其相似的事物，就算它们的种类、特性和位置都一样。（3.54）

这种卓越的分辨知识是直觉性知识，能够同时在各种状态下理解各种对象。（3.55）

当萨埵如同原人一样纯粹时，就臻达独存之境。（3.56）

第四章　解脱篇

特别的力量可能与生俱来，也可以通过药草、念诵曼陀罗、苦行和三摩地获得。（4.1）

一种生命形态转变成为另一种生命形态，是因为原质的流动。（4.2）

农夫清除水渠里的障碍物以便让水自然流过；助因不会直接引起自然进化，它们只除去自然进化中的障碍。（4.3）

个体化的意识即心，源于有我。（4.4）

尽管心的活动多种多样，但那个最初的有我是它们的起因。（4.5）

在各种心中，只有经过冥想净化的心才能脱离潜在印迹。（4.6）

瑜伽士的业，既不是黑的，也不是白的。其他人的业则有三种：白的、黑的及两者的混合。（4.7）

由这三种业所产生的习性，只有在条件合适时才显现出

附 录 ·

来。（4.8）

由于记忆和潜在印迹在形态上是一样的，即使被出生、地点和时间所区分，它们之间也有一种连续的关系。（4.9）

由于生存的欲望是永恒的，习性没有开端。（4.10）

习性是由原因、结果、基础、对象结合在一起而形成的。如果这些全部消除，习性便被摧毁。（4.11）

过去和未来是实际存在的，因为根据它们的特征展示的时间，只是不同于现在。（4.12）

不管是显现还是未显，这些特征都属于三德。（4.13）

事物的实在性是由于三德转变的一致性。（4.14）

相同的对象在不同的心中以不同的方式被感知，因此心必定不同于对象。（4.15）

不能说对象依赖于某个人的心的感知而存在。因为如果是这样，当某个人的心不再感知它时，就可以说对象不存在了。（4.16）

对象是可知的还是不可知的，取决于心的状态。（4.17）

因为心的主宰即原人是不会变化的，所以它总能知道心的波动变化。（4.18）

心不是自明的，因为它是原人的感知对象。（4.19）

还因为心不能同时区分原人和感知对象。（4.20）

如果假定有第二个心来感知第一个心，那么就必须假定有无限个心，这会导致记忆混乱。（4.21）

尽管原人不变，但通过变成知觉的形态而知道自己的觉知。（4.22）

心，既受到见者的影响，也受到所见的影响，所以它能

311

够理解一切事物。（4.23）

尽管心被无数的习性所影响，但心只服务于原人，因为它只能和原人联合行动。（4.24）

那些看到心和原人之差别的人，永远不会再把心视为原人。（4.25）

当心倾向于分辨时，它就向独存迈进。（4.26）

人心对其分辨修习哪怕稍有放松，也会因为过去的潜在印迹导致精神涣散。（4.27）

可以用消除觉悟之障碍的同样方式来克服精神涣散。（4.28）

即使对最高的知识也毫无兴趣，这样的人因其达到了完全的分辨，而臻达法云三摩地。（4.29）

从此断除了痛苦，并摆脱了业。（4.30）

因此，也完全消除了所有的知识的遮蔽物和不纯。由于这一无限的知识，感觉所认识的一切都显得微不足道了。（4.31）

三德的连续变化由此结束，因为它们的目的已经达成。（4.32）

这一连续的变化发生在每一刹那，但只有到一个系列结束时才能被理解。（4.33）

当三德作为原质之属性不再服务于原人时，它们就消融于原质。这就是独存。原人作为纯粹意识，安住在其自身的本性中。（4.34）

后 记

————

○

　　这本《生命的管理——〈瑜伽经〉72讲》，初稿来自我
在2020年3—7月全球新冠肺炎疫情期间线上的集中讲座。这
个讲座是对我已经出版的《〈瑜伽经〉直译精解》的一次重
要升级，目的是为了在《瑜伽经》逐条精解的基础上，为那
些真正想要通过瑜伽行管理好自己的生命、活出真生命来的
瑜伽行者，提供一个更具深度、更加开阔的生命思考和管理
方案。

　　当然，这不是一件轻松的工作。这次讲座在苏磨学院的
线上平台进行。讲座共进行了72次，汇集成了72讲。讲座结
束后，我又对这些讲座文字进行了全面修订，删除了讲座中
过于口语化的一些内容，就一些瑜伽中的重要概念、重要问
题，加以深度阐释。同时，还将讲座中对听众所提的众多问
题的思考和解答嵌入其中。相信那些已经听过这一系列讲座
的人们，依然可以从这书中获得新的启发，收获生命成长的
丰硕成果。

瑜伽的路，本质上是生命探究之路，更是生命自我管理之路。《瑜伽经》就是生命管理的艺术。生命是活泼泼的，瑜伽不是本本主义的教条。希望这本书的出版，可以让更多的瑜伽朋友们从你们自我的生命关切出发，从生命自我探究生命的真相出发，从在瑜伽行的道路上管理好你们的生命出发，以生命为核心，从全新的角度去理解《瑜伽经》，并真正从中受益。毕竟，生命珍贵，大家都愿意认真对待自己的生命，回答好自己的生命为何，并活出真生命来。

感谢苏磨学院线上平台的伙伴们，他们是三宝、昀洛、韦彤、艾琳、施红、黄静、杨慧等。感谢72讲交流群的众多小伙伴们，他们都是瑜伽行者，与他们的互动和交流给我带来更深的启迪。感谢漫画师乌小鱼为本书提供的精美插画。感谢灵海的支持、建议和修订意见。感谢王东旭、闻中、朱彩红、曹政的倾力帮助和支持。感谢陈俏娥、白晓对本书出版的关心和鼓励。感谢施工、王鼎一贯以来的支持和理解。特别感谢何朝霞女士，她对本书的支持和完美的编辑，为本书增色。

生命美好，活出真生命更美好！

王志成

2021年3月26日于浙江大学